Ulrich Tubbesing

Weserbergland

Die schönsten Tal- und Höhenwanderungen

50 ausgewählte Wanderungen

BERGVERLAG ROTHER GMBH · MÜNCHEN

Umschlagbild: Die Bavenhauser Windmühle beherrscht
weithin sichtbar die Landschaft des Kalletals.
Bild im Innentitel: Herrliche Einkehrmöglichkeit bietet
die Wittekindsburg auf dem gleichnamigen Berg.

Alle 88 Fotos stammen vom Autor.

Kartografie: 50 Wanderkärtchen im Maßstab 1:100.000 und 1:140.000
© Bergverlag Rother GmbH, München
(gezeichnet von Gerhard Tourneau, München),
Übersichtskarten im Maßstab 1:1.780.000 und 1:1.740.000
© Freytag-Berndt, Wien.

3., vollständig neu bearbeitete Auflage 2008
© Bergverlag Rother GmbH, München

ISBN 978-3-7633-4119-1

Vorwort

Das Weserbergland ist die Märchenstube Deutschlands, eine Region der Fabeln, Mythen und Legenden. Dr. Eisenbart in Hann. Münden, der Lügenbaron Münchhausen aus Bodenwerder und der Rattenfänger von Hameln sind die bekanntesten Figuren aus der reichen Sagenwelt. Im Reinhardswald steht das Dornröschenschloss der Gebrüder Grimm, und die Hämelschenburg gilt als Heimat der Frau Holle.

Zwischen Münden und Minden windet sich die Weser auf einer Länge von 200 km durch ein romantisches Bergland. Es beginnt am Weserstein, wo »Werra sich und Fulda küssen«, und endet an der engen Porta Westfalica, durch die der Fluss ins Norddeutsche Tiefland hinaustritt. In bunter Vielfalt wechseln waldbedeckte Hochflächen mit klippenreichen Rücken, scharf geschnittenen Bergkämmen und einzeln stehenden Kuppen. Schluchten, Höhlen, Felsen, Aussichtstürme, tiefe Forste und die immer neuen Weserblicke gestalten das Wandern ausgesprochen abwechslungsreich.

Zahlreiche Wallanlagen, Burgen, Schlösser und ehemalige Klöster begleiten den Flusslauf; sie künden von der bewegten Vergangenheit des Landes. Hübsche Fachwerkstädte wie Hann. Münden, Hameln, Lemgo oder Einbeck laden zum Besuch und geben Zeugnis vom Wohlstand der durch Handel reich gewordenen Bürger. Besonders im 16. und frühen 17. Jahrhundert – also zwischen der Reformation und dem Dreißigjährigen Krieg – erblühte die Weserregion. Begüterte Kaufleute, Fürsten und vermögende Söldnerführer förderten damals den in Deutschland einzigartigen Baustil der Weserrenaissance. Dieser Architektur gilt die überregional ausgeschilderte »Straße der Weserrenaissance«.

Am stärksten erlebt man den stimmungsvollen Zauber der Weserlandschaft zu Fuß, mit Rucksack und Wanderkarte. Die großen Naturparks (Münden – Reinhardswald, Solling – Vogler und Schaumburg – Hameln) bieten ein reiches Betätigungsfeld. Überlaufene Wege hat man im Weserbergland kaum zu befürchten, außerhalb der touristischen Brennpunkte lässt sich die Natur noch in aller Stille genießen. In 50 Tourenvorschlägen können selbstverständlich nicht alle lohnenswerten Ziele und Strecken Berücksichtigung finden. Wer Lust auf mehr verspürt, der lasse sich durch eine der hervorragenden Naturpark- und Freizeitkarten zu weiteren Wanderabenteuern inspirieren. An dieser Stelle danke ich allen, die mich auf meinen Weserberglandtouren begleitet und mit ihren Ideen unterstützt haben.

Bielefeld, Sommer 2008   Ulrich Tubbesing

Inhaltsverzeichnis

Allgemeine Hinweise

Zum Gebrauch des Führers

Die wichtigsten Informationen wie Ausgangs- und Endpunkt, Anforderungen und Höhenunterschied sind stichwortartig am Beginn jeder Route zusammengestellt. Grundlage der Schreibweise und der Entfernungsangaben sind die amtlichen Karten im Maßstab 1:50.000. Das Register am Schluss enthält alle wichtigen im Text vorkommenden Flur- und Ortsnamen, und die Übersichtskarte auf Seite 12/13 zeigt die geografische Position der jeweiligen Tour.

Anforderungen

Die hier vorgestellten Wanderwege im Weserbergland stellen in der Regel keinerlei technische Anforderungen wie Trittsicherheit, Schwindelfreiheit oder besonderen Orientierungssinn.

Routen ohne jegliche Schwierigkeiten sind ungeachtet ihrer Länge als leicht (Blau) eingestuft.

Bei einigen wenigen Routen allerdings erfordern Steilabstiege im abschüssigen Gelände bzw. kurze, leichte Klettereinlagen an Felsklippen einige Vorsicht und Trittsicherheit. Diese Routen sind als anspruchsvoll (Rot) eingestuft.

Gehzeit

Die Gehzeiten beziehen sich auf ein durchschnittliches Marschtempo von 4 km pro Stunde ohne Pausen. Die zumeist sanften Anstiege bewirken keine bemerkenswerte Verlängerung der Marschzeiten.

Wanderwege

Die überwiegende Mehrzahl der Wandervorschläge folgt guten Wegen. Nur im Bereich von Steilabbrüchen und Klippen sind gutes Schuhwerk und etwas Trittsicherheit von Vorteil. In diesen exponierten Bereichen können die Pfade

Symbole

🚌	mit Bus/Bahn erreichbar	†)(	Gipfel / Pass, Sattel
✗	Einkehrmöglichkeit unterwegs	⌀	Kirche, Kloster
👫	für Kinder geeignet	🏰	Burg, Schloss, Ruine
🏠	Ort mit Einkehrmöglichkeit	▲	Aussichtsturm
🏠	bewirtschaftete Hütte, Gasthaus	⚘ ✿	Picknickplatz / Aussichtsplatz
🏠	Schutzhütte, Unterstand	∩	Höhle
🚌	Bushaltestelle	▥ ⚓	Wasserfall / Fähre

Vom Weserdurchbruch der Porta Westfalica zur Wittekindsquelle

Kurzweilige Wanderung zum beliebtesten Aussichtsplatz an der Weser (Tour 49, 3.00 Std.).

Kühne Felsformationen über dem Glenetal

Auf schmalen Pfaden zu sagenhaften Plätzen am Ostrand des Weserberglands (Tour 20, 2.00 Std.).

Zur höchsten Felswand Norddeutschlands

Auf Treppenwegen zur Teufelskanzel und tief hinab ins Blutbachtal (Tour 45, 3.30 Std.).

Zwei Aussichtstürme in beherrschender Lage

Eine stille Rundwanderung über das bewegte Kammrelief des Vogler (Tour 15, 3.30 Std.).

Zwei Burgenstädtchen im Schnittpunkt alter Handelswege

Wechselvolle Wanderstrecke vom Mittelalter zur Weserrenaissance (Tour 41, 5.30 Std.).

Zwei Aussichtsberge über Exter und Bega

Im Wechsel von Feld, Flur und Wald durch das hügelige Lipperland (Tour 34, 5.00 Std.).

Von Klippe zu Klippe über des Messers Schneide

Paradewanderung über dem Ithkamm in verschiedenen Varianten (Tour 23, 4.45 bis 7.00 Std.).

Auf den Brocken des Weserberglands

Kurze Wege zum 360°-Panorama vom höchsten Gipfel des Lippischen Berglands (Tour 29, 2.30 Std.).

und Steige leichter Schaden nehmen als auf breiter Hochfläche. Die Markierung und Ausschilderung der im Kartenblatt verzeichneten Wanderrouten reichen von hervorragend bis gar nicht vorhanden, je nach Zuständigkeit der örtlichen Wandervereine. Nachdem es den überregionalen Weserbergland-verein nicht mehr gibt, sind viele Markierungen verblasst und Fußpfade überwachsen. Einige Unternehmungen gleichen deshalb kleinen Abenteuern. Bei fehlenden Wegzeichen ist der Tourentext deshalb detaillierter als bei durchgängig markierten Routen. Gegen ein Verlaufen bietet aber auch eine noch so genaue Beschreibung keine Gewähr. Markierungssymbole können mit gefällten Bäumen verschwinden oder über-

Manchmal gleichen Wegweiser kleinen Kunstwerken, wie hier auf der Wanderstrecke zwischen Burg Greene und Einbeck.

Nicht immer sind die Wegweiser so gut wie hier im Vogler.

wachsen, Kahlschläge und neue Forstwege bringen Veränderungen, und letztlich kann schon eine kleine Unachtsamkeit den entscheidenden Wegabzweig verpassen lassen. Viel wichtiger als der gedruckte Text ist im Gelände eine topografische Karte, die bei jeder Wanderung zum unverzichtbaren Begleiter werden sollte.

Tourenvorschläge

Alle Wanderungen lassen sich als Tagestouren ausführen. Zumeist sind es Rundkurse, deren Ausgangspunkte (Wanderparkplätze) häufig im Bereich öffentlicher Verkehrsmittel liegen. Bei den wenigen Streckenwanderungen erfolgt stets eine genaue Angabe der Rückfahrmöglichkeiten. Jeder Vorschlag besitzt seinen »Aufhänger«, der im Eingangstext entsprechend gewürdigt wird. Die 50 Touren verteilen sich in etwa gleichmäßig über die ganze Region. Ziel war es, das Weserbergland in all seinen Landschaftsformen aufzuzeigen. Zwangsläufig gibt es in der ausgeprägten Kulturlandschaft bei einigen Routen auch Durststrecken zu bewältigen, auf monotonen Asphaltstraßen, neben Kraftwerken und Kiesgruben. Im unmittelbaren Uferbereich der Weser sind mittlerweile sehr viele Wege befestigt und als Radrouten ausgewiesen. Das beeinträchtigt das Wandern nicht unerheblich, sodass längere Uferstrecken hier keine Berücksichtigung gefunden haben. Über das Radwandern selbst, speziell an der Weser, existiert eine umfangreiche Führerliteratur.

Topografische Wanderkarten

Minden-Lübbecker Land, Lipper Land, Eggegebirge, Oberwälder Land, Naturpark Solling – Vogler, Naturpark Schaumburg – Hameln, Freizeitkarte Reinhardswald, Freizeitkarte Göttingen und Umgebung, Freizeitkarte Leinebergland; alle im Maßstab 1:50.000.

Beste Jahreszeit

Die günstigsten Wandermonate im Weserraum sind die zwischen April und Oktober. Dann verkehren zumindest an Wochenenden alle Fähren; Schlösser, Museen und Tierparks haben geöffnet, die bekannten Weserstädte veranstalten sonntags ihre Festspiele und die waldbedeckten Höhenzüge tragen ein üppiges Laubdach. Besondere Farbspiele bieten sich Ende April (Kirschblüte in der Rühler Schweiz), Mitte Mai (zartes Grün der Buchenwälder) und Anfang November (Höhepunkt der herbstlichen Laubverfärbung).

Weserberglandwetter unter www.weserbergland.com.

Geografie

Das Weserbergland besitzt keine verkehrshemmende Geschlossenheit wie z.B. der Harz, sondern war schon immer ein offenes Durchgangsland für Handel und Politik, für Kriege und Kultur. Deshalb gibt es über seine Ausdehnung unterschiedliche Ansichten. Nicht umstritten sind Porta Westfalica und Hann. Münden als nördliche bzw. südliche Endpunkte. Dagegen bereitet die Abgrenzung nach Osten und Westen Schwierigkeiten. Für diesen Führer bedeutet das Leinetal die östliche Grenze. Im Westen gehört das kuppenreiche

Wegen seiner zahlreichen Fachwerkhäuser wird Schwalenberg gern als »Lippisches Rothenburg« bezeichnet.

Die Oberweser bei Gieselwerder, ein Dorado für Motorbootfahrer.

Lippische Bergland mit seinen Weserzuflüssen Emmer, Kalle, Nethe und Exter dazu, nicht aber das Eggegebirge, der Teutoburger Wald oder das Wiehengebirge, die eine eigene Ferienregion bilden.
Höchster Punkt: Große Blöße im Solling, 528 m.
Markanteste Erhebung: Köterberg im Lippischen Bergland, 498 m.
Ungefähre Ausdehnung: 6500 Quadratkilometer.

Verkehrsverbindungen

Straßen: Durch Straßen ist das Weserbergland ausreichend erschlossen, hinzu kommen die Autobahnen an der Peripherie. Im Nordwesten verläuft die A 2 Ruhrgebiet – Hannover, im Süden die A 44 Dortmund – Kassel und im Osten die A 7 Kassel – Hannover.
Bahnen und Busse: Als Hauptstrecken dienen im Norden und Osten die Linien Dortmund – Hannover bzw. Kassel – Hannover. Wichtiger sind die quer durchs Weserbergland verlaufenden Linien wie Bielefeld – Hameln – Hildesheim, Hannover – Springe – Hameln, Ottbergen – Höxter – Kreiensen, Ottbergen – Karlshafen – Göttingen und Altenbecken – Bad Pyrmont – Hameln sowie Bielefeld – Lemgo, Fahrpläne unter www.bahn.de. Einige Buslinien verkehren an Wochenenden nur spärlich, namentlich am Samstagnachmittag.

Deshalb ist es bei Streckenwanderungen ratsam, am Ausgangsort die Abfahrtszeiten der Busse zu erkunden.

Schiffsverkehr: Die Schiffe der Mindener Fahrgastschifffahrt befahren die Weser zwischen der Schachtschleuse am Wasserstraßenkreuz bei Minden und Vlotho. Von Hameln bis Hann. Münden verkehrt die weiße Flotte der Oberweser-Dampfschifffahrt. Deren Ausflugsdampfer bieten für Gruppenreisende ein reiches Programm, zu erfahren in der Geschäftsstelle, Inselstraße 3, 31787 Hameln, Tel.: 05151/93999. Der Einzelwanderer muss sich hingegen an den normalen Sommerfahrplan halten (April bis Oktober), und der eröffnet kaum Möglichkeiten, eine Schiffsfahrt im Tourenprogramm einzuplanen. Fahrpläne und allgemeine Informationen: www.weserbergland.com.
Fahrpläne Mindener Fahrgastschifffahrt: www.mifa.com

Empfehlenswerte Literatur

Kunstreiseführer »Östliches Westfalen«, »Südliches Niedersachsen« sowie »Nördliches Hessen« (G.U. Großmann, DuMont-Verlag); »Straße der Weserrenaissance« (G. Brasse, Verlag CW Niemeyer); »Das Weserbergland« (J. Grafs, Verlag CW Niemeyer).

Am Tanzwerder in Hann. Münden steht der Weserstein, genau an der Stelle, wo sich Werra und Fulda zur Weser vereinen.

Reinhardswald, Bramwald und Solling

Der Reigen der Teilgebirge beidseits der Weser beginnt am Zusammenfluss von Werra und Fulda bei Hann. Münden mit Bram- und Reinhardswald. Knapp 30 km begleitet der Reinhardswald das westliche Weserufer, eine leicht geneigte Sandsteinscholle, die nur zur Flussseite in steilen Hängen abfällt und dieser ihre besondere Prägung gibt. Auf der Hochfläche aber dehnt sich schier endlos der Wald. Die Geschichte kennt ihn als Reichsforst der fränkischen Könige bzw. als Jagdrevier der hessischen Landesherren. An vielen Stellen zeigen sich Spuren vormaliger Besiedlung, doch die Menschen verließen das karge Land wieder, und der Wald eroberte das Terrain zurück. Eine andere Erklärung für die noch sichtbaren Plätze früheren Ackerbaus gibt die Reinhardswaldsage. Danach gehörte einst dem Grafen Reinhard alles Land zwischen Weser und Diemel. Als er beim Würfelspiel seinen gesamten Besitz verlor, erwirkte der listige Graf von seinen Gläubigern das Zugeständnis, auf seinem Grund ein letztes Mal säen und ernten zu dürfen. Er brannte daraufhin alle Dörfer nieder, vertrieb die Einwohner und ließ statt Weizen überall Eicheln und Bucheckern ausstreuen. Die Ernte – der heutige Reinhardswald – war erst in Jahrhunderten fällig, und so sahen sich die Gläubiger um ihre Ansprüche betrogen.

Der Reinhardswald ist die deutsche Märchenstube schlechthin; hier handeln die weltberühmten Märchen wie »Hänsel und Gretel«, »Rotkäppchen« oder »Schneewittchen«, und mit der Sababurg hat man unzweifelhaft das »Dornröschenschloss« der Gebrüder Grimm vor Augen. Sie ist der touristische Hauptanziehungspunkt des Reinhardswaldes. Im nahe gelegenen Urwald kann man 800-jährige Baumriesen bewundern, und nebenan im ältesten Wildpark der Welt tummeln sich Urwildpferde, Mufflons, Wisente, Rentiere und verschiedene Wald- und Wasservögel.

Für den Wanderer bedeutet der Reinhardswald ein Refugium der Stille und der Waldeinsamkeit. Ähnliches vermittelt bei bescheidenerer Ausdehnung auch der Bramwald östlich der Weser, wenngleich hier einige Wege wie die schnurgerade »Lange Bahn« bereits an Monotonie grenzen. Bevorzugtes Wanderziel im Bramwald ist die verfallene Bramburg am steilen Weserabhang. Nur der 35 m hohe Bergfried ragt noch aus dem Wald empor. Die Burg wurde im 11. Jahrhundert vom Northeimer Grafen zum Schutze des nahen Klosters Bursfelde angelegt, verkam später zum Raubritternest und musste 1494 auf Geheiß des Thüringischen Landgrafen zerstört werden. Bursfelde selbst hat die Zeit überdauert und wurde nach der Reformation zum Pachtgut. Dadurch hat sich der klösterliche Gesamteindruck der Anlage gut erhalten.

Dem Bramwald und vor allem dem Reinhardswald eng verwandt ist der nördlich anschließende Solling. Von *Karlshafen* bis *Holzminden* begleitet seine einheitlich geformte Gebirgsmasse das rechte Weserufer. Die Buntsand-

Weserfähren verkehren auch für Wanderer und Radfahrer.

steinschichten sind sanft gewölbt und bringen keine ausgeprägten Gipfel-
oder Kuppenformen hervor. Nur an seinen Steilrändern bzw. seinen beiden
Aussichtstürmen gewährt der Solling einen weiten Blick übers Land. Seine
höchste Aufwölbung, die Große Blöße (528 m), bildet zugleich die höchste
Erhebung im gesamten Weserbergland. Zahlreiche anmutige Wiesentäler
gliedern den zu 90% baumbedeckten Solling, der nach dem Harz die größte
geschlossene Waldfläche Norddeutschlands darstellt. Früher rauchten überall im Solling die Holzkohlemeiler, bis dieses uralte Handwerk ein Opfer der
Technik wurde. Fast verschwunden sind durch Trockenlegung auch die sol-
lingtypischen Hochmoore. Nur der Mecklenbruch bei der ehemaligen Glasmachersiedlung Silberborn konnte als ökologisch intaktes Moorsystem bewahrt werden und stellt heute eine Touristenattraktion dar.
So schön wie die Wälder, so hübsch sind auch die Städte am Rande von Solling und Reinhardswald, z.B. Holzminden, das mittelalterliche Uslar oder die
Barockstadt Karlshafen. Besonders hervorgehoben sei hier das fachwerkrei-
che Hann. Münden, die »Stadt an den drei Flüssen«. Der weit gereiste Natur-
forscher Alexander von Humboldt zählte es Anfang des 19. Jahrhunderts zu
den sieben schönstgelegenen Städten der Welt. Bekannteste Figur Mündens ist Doktor Eisenbart, einer der fähigsten Ärzte des 17. Jhs. Wegen seines marktschreierischen Auftretens dichtete man ihm das bekannte Spottlied
an, das ihn – zu Unrecht – als Kurpfuscher darstellt:

Ich bin der Doktor Eisenbart,
kurier die Leut auf meine Art:
mach, dass die Lahmen wieder sehn,
und dass die Blinden wieder gehn...

Von Hann. Münden in den Bramwald

Der weit gereiste Alexander v. Humboldt bezeichnete Hann. Münden als eine der sieben schönstgelegenen Städte der Welt. Aus heutiger Sicht erscheint dieses Urteil übertrieben, aber den Reiz des Besonderen kann man dem mittelalterlichen Fachwerkstädtchen am Zusammenfluss von Werra und Fulda in dem engen Talkessel zwischen Reinhardswald, Kaufunger Wald und Bramwald nicht absprechen. Wer Stadtbummel und Natur miteinander verbinden möchte, dem bietet sich ein kurzweiliger Abstecher in den Bramwald an. Hann. Münden entstand im 12. Jahrhundert an einer für Schiffe damals unpassierbaren Werra-Furt. Infolge des Zoll- und Stapelrechts (alle durchreisenden Händler mussten ihre Ware für drei Tage zu Vorzugspreisen feilbieten) gelangten die hiesigen Kaufleute rasch zu beachtlichem Reichtum, der sich noch heute an den üppig verzierten Gebäuden der Altstadt offenbart. Schlimme Verwüstungen trafen die Stadt im Dreißigjährigen Krieg. Pfingsten 1626 gab Graf Tilly, Feldherr der Kaiserlichen Truppen, Befehl zur dreitägigen Beschießung der damaligen Wesermetropole. Die anschließende Erstürmung richtete ein Blutbad an, dem mehr als 2000 Menschen zum Opfer fielen. Trotz der schweren Zerstörungen sind 400 Fachwerkhäuser aus beinahe allen Perioden der Baukunst erhalten geblieben, dazu das Welfenschloss und mehrere Befestigungstürme.

Ausgangspunkt: Hann. Münden, Parkplatz Weserstein.
Höhenunterschied: 250 m.
Anforderungen: Orientierungsvermögen, teilweise schlecht markiert.
Einkehr: Jagdhaus Heeden.
Karten: Freizeitkarten Reinhardswald und Meißner/Kaufunger Wald.

Ausgangspunkt ist der **Weserstein** am Zusammenfluss von Werra und Fulda, mit der berühmten Inschrift, die schon Generationen von Schülern auswendig lernen mussten: »Wo Werra sich und Fulda küssen...« Eine gedeckte Fußgängerbrücke dient als Passage zur Altstadt. Dort wird vor dem gotischen Rathaus an jedem Sommersonntag die Dr.-Eisenbart-Vorstellung gegeben.
Über die bereits im 13. Jahrhundert erbaute steinerne Werrabrücke geht es mit X 13 stadtauswärts gegen den Questenberg empor. Bevor X 13 in dich-

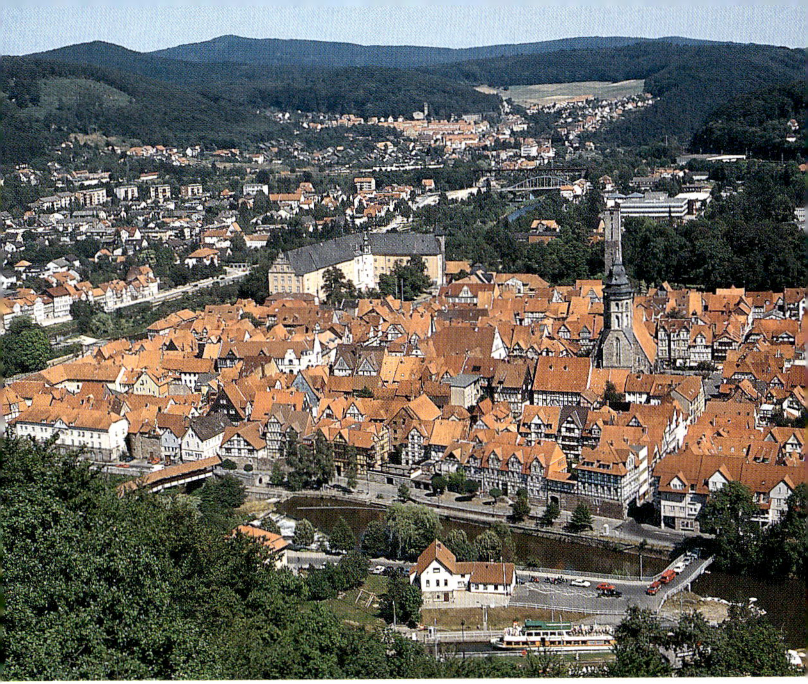

Berühmt für seine zahlreichen Fachwerkhäuser ist Hann. Münden.

ten Hochwald eintaucht, bietet die **Weserliedanlage** eine instruktive Gesamtansicht Mündens. Beim Hans-Zeidler-Stein liegt rechts am Steilhang der Rastplatz **Herkulesblick**. Nächstes Etappenziel ist der Düstere Keller Brunnen, eine kleine eingefasste Quelle neben einer Schutzhütte rechts unterhalb des Weges. Wenig später verlässt man *X* 13 und folgt rechts Nr. 3 Richtung **Staufenberg**. Am Fuße dieser jähen Basaltkuppe beschert eine Rastbank ein zauberhaftes Panorama. Der Blick schweift weit über die Bergumrahmung des Werratals, dominiert von der markanten Silhouette des Meißner. In leichtem Gefälle erreicht Nr. 3 später das **Jagdhaus Heeden**, nimmt den kurzen Gegenanstieg und folgt links – jetzt als Nr. 1 – dem bequemen Hangweg bis zum Brandes-Platz. Ein schmales Sträßchen leitet abschließend durch die nette Hangsiedlung Blume wieder nach **Hann. Münden** hinein.

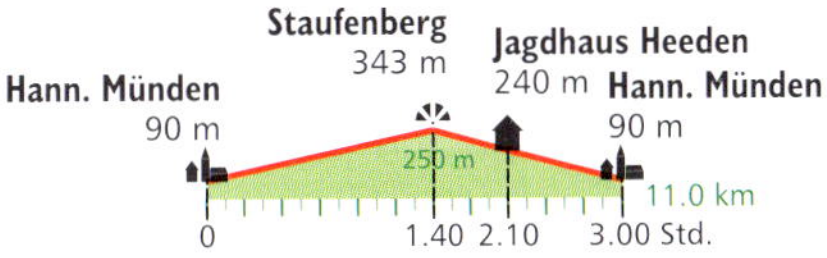

Altarsteine und Gaußturm

Auf der Dransfelder Hochfläche am Ostrand des Weserberglandes sind mehr als ein Dutzend Basaltkuppen als Reste tertiärer Vulkane zu erkennen. Der höchste und markanteste ist der Hohe Hagen. Hier unternahm 1821 der geniale Mathematiker Carl Friedrich Gauß erste Versuche zur trigonometrischen Landesvermessung und bestimmte das damals größte Fixpunktdreieck Hoher Hagen – Brocken – Inselsberg. Ihm zu Ehren entstand 1911 am Gipfel eine steinerne Aussichtswarte mit Schankbetrieb und Gaußmuseum. Als in den 60er Jahren durch fortschreitenden Basaltabbau ein Teil der Gipfelkuppe abgetragen wurde, stürzte auch der Gaußturm ein. Der Verschönerungsverein Dransfeld erhob Klage gegen den Verursacher und erwirkte den Bau eines neuen Turmes. Die schmucklose Betonkonstruktion kann aber trotz größerer Höhe das historische Flair des alten Gebäudes nicht ersetzen. Inzwischen ist der Basaltabbau eingestellt und der Steinbruchkrater erfolgreich rekultiviert, sodass der Hohe Hagen besonders an klaren Tagen wieder ein lohnendes Wanderziel abgibt.

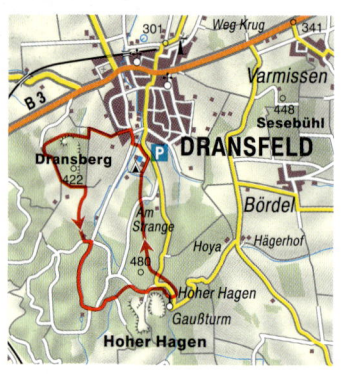

Ausgangspunkt: Dransfeld, Großparkplatz am Schwimmbad.
Höhenunterschied: 203 m.
Anforderungen: Orientierungsvermögen.
Einkehr: Hoher Hagen.
Karte: Wanderkarte Göttingen und Umgebung.

Ein günstig gelegener Großparkplatz findet sich beim Dransfelder Waldschwimmbad. Ein paar Schritte muss man zurück Richtung Stadt, um beim Verkehrsübungsplatz links durch die Siedlung »Im Kampe« dem Dransberg zuzustreben. Der wird am Waldrand südwestseitig umgangen, vorbei am alten jüdischen Friedhof und dem renaturierten Steinbruch mit Grillhütte und Seerosenteich.

Auf dem Sträßchen oberhalb des Auschippe-Tälchens hält man sich rechts, benutzt am Rechtsknick den Feldweg geradeaus, bleibt im Wald am Querweg links, wendet sich an der nächsten Wegkreuzung rechts und trifft nach der Umrundung des Hengelberges bei der Köhlerhütte auf die mächtigen

![Durch Renaturierung ist dieser idyllische Rastplatz am Dransberg entstanden, mit Seerosenteich und Grillhütte.]

Durch Renaturierung ist dieser idyllische Rastplatz am Dransberg entstanden, mit Seerosenteich und Grillhütte.

Blöcke der **Altarsteine**. Die schüsselartigen Vertiefungen im größeren, zerbrochenen Fels deuten auf ein frühgeschichtliches Heiligtum hin. Möglicherweise versuchten die Menschen hier Steinstaub zu gewinnen, der bis ins Mittelalter als Heilmittel galt.

Hinter dem Gieseke-Denkmal beginnt der Anstieg zum **Hohen Hagen** mit dem neuen **Gaußturm**. Im Gaußzimmer des Panoramarestaurants sind alte Messgeräte und Dokumente des Mathematikers aufbewahrt. Ein Fahrstuhl befördert zur 45 m hohen Aussichtsplattform, die fast 100 km weit bis ins Sauerland, zum Brocken im Harz und in den Thüringer Wald schauen lässt. Absteigend verläuft ein ausgeschilderter Farn- und Wurzelpfad über den **Brunsberg** zurück zum Ausgangspunkt.

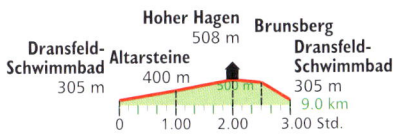

Dransfeld-Schwimmbad 305 m — Altarsteine 400 m — Hoher Hagen 508 m — Brunsberg — Dransfeld-Schwimmbad 305 m — 9.0 km — 0 · 1.00 · 2.00 · 3.00 Std.

Vom Diemelufer zum Westrand des Reinhardswaldes

Zu den besterhaltenen Burganlagen des Weserberglandes gehört die im 13. Jahrhundert erbaute Trendelburg. Trutzig thront sie auf einem 50 m hohen Sandsteinfelsen über den Diemelauen, und wie hingemalt duckt sich das gleichnamige Bergstädtchen in ihrem Schutz. Ein Rundblick vom mächtigen Bergfried zeigt sehr anschaulich die talbeherrschende Lage der Feste, die trotz Familienbesitz erfreulicherweise allen Wanderern zugänglich ist. Dass dies so bleiben kann, dafür trägt jeder Besucher durch sein Verhalten ein Stückchen Mitverantwortung. Zahlreiche gut gekennzeichnete Rundwanderungen bieten sich rings um die Trendelburg an, unter anderem zum Naturdenkmal Wolkenbruch am Westrand des Reinhardswaldes.

Ausgangspunkt: Trendelburg, Parklatz.
Höhenunterschied: 170 m.
Anforderungen: Häufiger Markierungswechsel, stellenweise ohne Bezeichnung.
Einkehr: Burghotel Trendelburg.
Karte: Freizeitkarte Reinhardswald.

Den Anfang macht die Markierung T 5 hinab zur **Diemelbrücke**. Dort folgt T 1 ein kurzes Stück der Straße nach Gottsbüren, biegt hinter den letzten Häusern links in einen Waldpfad ein und erreicht wenig später den kreisrunden, jähen Bodentrichter **Trockener Wolkenbruch**. Dieser typische Erdfall entstand durch einen großen Hohlraumeinbruch infolge stetiger Salz- und Gipsauslaugungen in den tieferen Gesteinsschichten.

Noch eindrucksvoller ist 300 m weiter der **Nasse Wolkenbruch**, ein geheimnisvoll anmutender, 60 m tiefer Kessel, in dessen Grund sich ein ansehnlicher Teich gebildet hat. Rastbänke säumen dieses lauschige Wald-

Blick vom Bergfried der Trendelburg über das gleichnamige Städtchen.

plätzchen, wo es im Frühsommer laut widerhallt vom Quaken der vielen Frösche.

Nur allzuschnell bringt uns T 1 wieder hinab zur Straße Richtung Gottsbüren. Jetzt hält die Route zunächst links, ehe rechts ein Feldweg zur Bauernsiedlung Exen abzweigt. T 1 führt von hier über die Stammer Höhe nach Trendelburg zurück.

Wer den Bogen etwas weiter schlagen möchte, folgt ab **Exen** zwischen den Feldern der Markierung H an der Häusergruppe Friedrichsfeld Süd vorbei zum Waldrand, wählt links das Zeichen F 2 und trifft nach schöner Wegstrecke östlich von Friedrichswald abermals auf die Straße nach Gottsbüren. Für einige hundert Meter bleibt man rechts neben dem Fahrdamm, bis beim zweiten Feldweg links ein vergraster Holperpfad steil bergab zur Holzape leitet. In zahlreichen Windungen schlängelt sich der Bach im idyllischen Wiesengrund nordwestwärts, immer begleitet vom Wanderweg G 2. Später verlässt man das Tälchen links empor mit dem H und bummelt über eine Anhöhe wieder nach **Trendelburg** hinein.

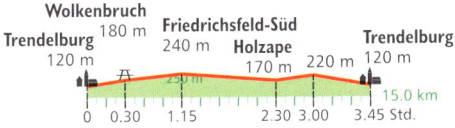

Wolkenbruch 180 m
Trendelburg 120 m
Friedrichsfeld-Süd 240 m
Holzape 170 m
220 m
Trendelburg 120 m
15.0 km

0   0.30   1.15   2.30 3.00   3.45 Std.

Bramburg und Voßküppel

Das erste Teilgebirge, das die Weser stromabwärts begleitet, heißt Bramwald. Mit steil abfallenden Buchenhängen schieben sich seine Kämme gegen das Flusstal vor, während oben auf der Hochfläche die Monotonie großer Waldplantagen herrscht, durchzogen von der berüchtigten, schnurgerade verlaufenden Langen Bahn. Wer sich an manch eintönigen Wegabschnitten nicht stört, dem bietet der Bramwald neben wohltuender Stille verträumte Rastplätze und kulturhistorisch interessante Stellen. Hauptziel ist die Bramburg, von der heute nur mehr der Bergfried steht. Im 11. Jahrhundert diente sie der Sicherung des nahe gelegenen Klosters Bursfelde, später verbreitete sie als Raubritternest Angst und Schrecken.

Ausgangspunkt: Hemeln, erster Parkplatz an der Straße nach Dransfeld.
Höhenunterschied: 340 m.
Anforderungen: Einfache Wanderung,
stellenweise unmarkiert.
Einkehr: Keine.
Hinweis: Ohne Voßküppel 15 km, 4 Std.
Karte: Freizeitkarte Reinhardswald

Ein günstiger Ausgangspunkt liegt an der Straße von **Hemeln** nach Dransfeld, hinter der ersten Kehre oberhalb des Forsthauses Röhrmühle. Vom Parkplatz geradeaus trifft man rasch auf die Markierung X 4 und bleibt dem Wegzeichen treu bis zum **Vaaker Berg**. Die auf der Karte vermerkte Aussicht ist zwar längst zugewachsen, dafür erfreut der kleine Quellteich mit dem hübschen Starmke-Häuschen.

Ein schmaler Waldweg bringt jetzt ostwärts zur **Langen Bahn**, dort hält man sich links, dann an der nächsten Abzweigung rechts und wieder rechts bis zum Waldrand mit dem überraschenden Ausblick zum Hohen Hagen. 1 km nördlich liegt rechts eines Forstweges im Walddickicht das Kulturdenkmal **Voßküppel**, eine Werkstatt steinzeitlicher Jäger, die an den frei stehenden Quarzitblöcken ihre Waffen schlugen.
Vom Voßküppel geht es bei der nächsten Linksabzwei-

Vom Rande des Bramwaldes schweift der Blick weit übers Wesertal zu den Abhängen des Reinhardswaldes.

gung wieder auf die Lange Bahn und weiter genau nach Norden. Die Einförmigkeit der Geradeausstrecke wird hinter der Querstraße am Pflügeberg aufgelockert durch das Naturschutzgebiet Huteeichen, ehe in einer Senke links der Weg Richtung *Bramburg* abzweigt. Ein kurzer Abstecher links in den Wald gilt dem **Uhlenstein**, einem mächtigen Quarzitblock, anschließend gelangt der Weg unterhalb der Hünenburg (Sendemast, unbedeutende Wallreste) zur Spitzkehre **Windwarte** und zur **Ruine Bramburg**. Der 34 m hohe Bergfried ist nicht besteigbar, aber auch von den Wallanlagen reicht die Sicht hinab ins Wesertal mit dem **Kloster Bursfelde**.
Von der Bramburg wandert man links abwärts zum Waldrand und um den Bergsporn herum, benutzt an der Gabelung den oberen Weg und gelangt so in langer Hangquerung, vorbei an einer in Stein gefassten Quelle, ganz bequem zum Ausgangspunkt zurück.

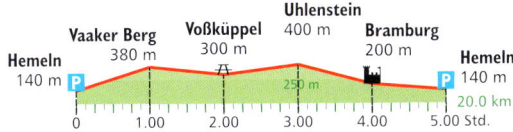

Panoramawanderung rund um den Schiffberg

In wundervoller Taleinsamkeit liegt das niedersächsische Klosterdorf Bursfelde an der Niememündung rechts der Weser, malerisch eingerahmt von der grünen Kulisse des Bramwaldes. Bursfelde markiert geschichtsträchtigen Boden. Während der Sachsenkriege um 772 entstand hier der erste fränkische Brückenkopf am rechten Weserufer, und 852 rief Ludwig der Deutsche, ein Enkel Karls des Großen, an dieser Stelle die sächsischen Stämme zu einem »Gautag« zusammen, der die endgültige Aussöhnung zwischen Sachsen und Franken brachte. 1093 gründeten die Northeimer Grafen nahe der Niememündung eine Benediktinerabtei, die später, nach der Reformation, evangelisch wurde. Vollständig erhalten ist die romanische Klosterkirche, ein mächtiger Bau mit stattlichem Westflügel und charakteristischen Turmhelmen.

Ausgangspunkt: Parkplatz an der Straße Oedelsheim – Heisebeck.
Höhenunterschied: 330 m.
Anforderungen: Orientierungsvermögen, Ausdauer.
Einkehr: Gasthaus Bursfelde.
Karte: Freizeitkarte Reinhardswald.

Die Bursfelder Rundwanderung, in deren Zentrum der aussichtsreiche Schiffberg steht, beginnt beim **Parkplatz »Heisebecker Straße«** östlich von Oedelsheim. Zunächst folgt man A 2 aufwärts zur Spieckerberghütte, hält dort erst links, dann rechts und gelangt so zur kleinen Schutzhütte am Waldrand. Weit schweift das Auge übers Schwülmetal, angezogen von der auffälligen Basaltkuppe der **Bramburg**. Ein Sträßchen leitet weiter am **Schiffberg** entlang, bis es in einer Kurve hinter der roten Scheune rechter Hand in den Wald und dann links über die Lange Liet geht. Am nächsten Querweg biegt man rechts in das Thielebachtal ein, nimmt links an der Ulme den Bodeweg bis zur »Todeskurve« und steigt rechts ins Niemetal ab. Dieses **Niemetal** ist ein kleines Paradies. Am rechten Ufer des ungebärdi-

Das naturbelassene kleine Niemetal bei Bursfelde bietet mit seinen Wasserspielen zahlreiche lauschige Rastplätze.

gen Bachlaufs hüpft ein schmaler Steig (*X 10*) über Wurzeln, Stock und Stein, immer ganz dicht am rauschenden Wasser. Das Idyll endet in Bursfelde, unweit des Gasthauses »Klosterhof«.

Für den Rückweg ist *X 4* zuständig. Er beginnt als vergraster Heckenpfad, quert das Thielebachtal und schwingt im Bogen hinaus zu dem von zahlreichen Wasserläufen eingekerbten **Schiffberg-Westhang**. Anfangs dominiert der Buchenwald, aber schon bald zeigt sich die ganze Vielfalt der heimischen Vegetation. Wo *X 4* links abzweigt, hält man geradeaus, passiert die Schutzhütte mit dem herrlichen Wesertalblick und erreicht wenig später den **Ausgangsparkplatz**.

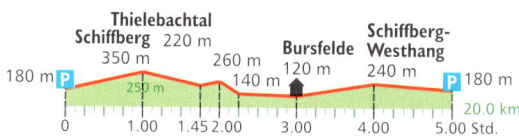

Panoramaweg am östlichen Reinhardswald

Flusswanderung und Aussichtspromenade

Diese kurzweilige Weserrundtour am Ostrand des Reinhardswaldes bietet alle Elemente einer richtigen Flusswanderung: lauschige Uferpfade, aussichtsreiche Höhenwege und zum Schluss eine kurze Fährfahrt über den Strom.

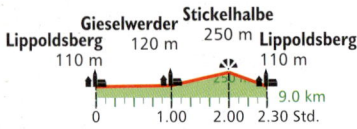

Ausgangspunkt: Lippoldsberg, Parkplatz am Dampferanleger bzw. der Fähre.
Höhenunterschied: 140 m.
Anforderungen: Einfache Wanderung.
Einkehr: Gieselwerder.
Karte: Freizeitkarte Reinhardswald.

Wegen der natürlichen Steigerung der Eindrücke empfiehlt sich **Lippoldsberg** als günstigster Ausgangspunkt. Den historischen Kern dieses netten Weserdorfes dominiert die einstige Klosterkirche St. Georg aus dem 12. Jahrhundert, einer der besterhaltenen romanischen Bauten Deutschlands. Nur wenige Minuten sind es von der dreischiffigen Gewölbebasilika zum Parkplatz am Dampfer- und Fähranleger. Auch ohne Markierung ist die Route jetzt klar vorgezeichnet – immer flussaufwärts, anfangs im grünen Ufersaum, dann zwischen den Feldern weiter, bis die Autobrücke rechts in den Luftkurort **Gieselwerder** hineinführt.

Das Rathaus Gieselwerder steht im Innenhof einer ehemaligen Wasserburg.

Direkt am Weserufer liegt der ummauerte Innenhof einer vormaligen Wasserburg, in dem heute das schmucke Rathaus mit seinem verspielten Fachwerkgiebel steht. Durch Gieselwerder weist *X 4* hinauf zur B 80 und rechts zum sogenannten **Mühlenplatz**. Dabei handelt es sich um eine kleine Freilichtausstellung berühmter Burgen, Kirchen und Rathäuser in Miniaturformat, die besonders Kindern und Kennern historischer Bauten viel Spaß bereiten dürfte.

In der netten Freilichtausstellung »Mühlenplatz« gibt es neben der Wartburg noch viele weitere berühmte Burgen und Schlösser zu sehen, darunter einige aus dem Weserbergland.

Eine Spitzkehre steigt vom Mühlenplatz durch den St. Georgengrund gegen den Osthang des Reinhardswaldes empor. Dort beginnt hinter dem hölzernen Wildgatter die Königsetappe der Wanderung, der **Panoramaweg**. Im Steilabfall der Stickelhalbe windet er sich an Felsvorsprüngen, Waldschluchten und Bergschultern entlang, immer begleitet von zauberhaften Weserbildern. Bei der Weggabelung bleibt man rechts und gelangt so in langer Gefällstrecke unter dem Laubdach hoher Buchen wieder hinab an die B 80. Nahe der alten Hugenottensiedlung Gewissenruh zieht die Markierung II im Wiesengelände abwärts zur **Fähranlegestelle** Vorwerk, wo ein freundlicher Fährmann den Wanderer zurück nach Lippoldsberg am östlichen Weserufer bringt.

Waldeinsamkeit und Sababurg

Der Reinhardswald ist Märchenland, ist Heimat der Märchenfiguren der Gebrüder Grimm. Hier sind die Geschichten von Schneewittchen, Hänsel und Gretel sowie Rotkäppchen zu Hause, und in der verwunschen gelegenen Sababurg fühlt man sich wie im Dornröschenschloss. Dicht vor den Toren Kassels beginnt der Höhenzug und erstreckt sich als 20 km² großes geschlossenes Waldgebiet bis nach Karlshafen. Der Oberweser geben die steil über den Uferstraßen aufsteigenden Buchenwälder ihre besondere Prägung, und auf dem Hochplateau schufen die zur Viehmast angelegten Hute-Eichen-Bestände Landschaftsbilder von besonderem Reiz. Für Freunde stiller Wege sind die schnurgeraden Eichenalleen oder die tiefen, nur selten durch Wiesentälchen aufgelockerten Forste ein wahres Dorado. Klassisch ist die Längsüberquerung des Reinhardswaldes auf der »Wildbahn« von Karlshafen nach Hann. Münden. Wer umgekehrt marschiert, steht frühmorgens an der Tillyschanze oberhalb Hann. Münden vor verschlossener Tür. Die Wanderung misst stattliche 35 km und erlaubt unterwegs keine Abschweifungen. Einem Rundgang durch den berühmten Urwald an der Sababurg ist deshalb eine eigene Tour zugedacht (Variante B).

Ausgangspunkt: Bad Karlshafen, Bahnhof.
Endpunkt: Hann. Münden, Bahnhof.
Höhenunterschied: 340 m.
Anforderungen: Ausdauer.

Einkehr: Gottsbüren, Sababurg, Tillyschanze.
Hinweis: Auch als Zweitagestour mit Übernachtung im Hotel Sababurg (teuer!).
Karte: Freizeitkarte Reinhardswald.

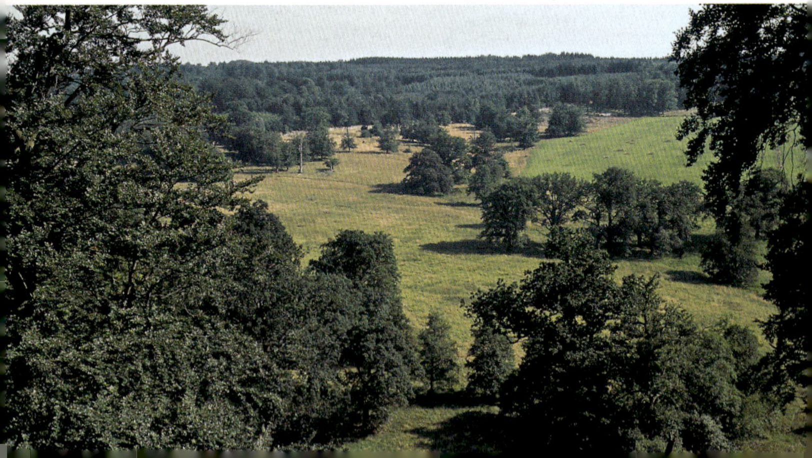

A) Wildbahn: Die Wildbahn (*X 3*) nimmt am Hafenbecken in **Karlshafen** ihren Ausgang, durchstreift auf lauschigem Pfad das Diemelsteilufer zur Kuppe des Wechselberges, quert die Mulden des Finkenbruchgrabens wie der Landbecke und tritt oberhalb **Gottsbüren** aus dem Wald heraus. Zauberhaft ist bei morgendlichem Seitenlicht der Blick über Gottsbüren auf die anmutige Umgebung des Fuldebachtals. In Gottsbüren, das früher einmal Hundsbüren hieß, beeindruckt eine mächtige Wallfahrtskirche. Sie geht auf das »Wunder im Reinhardswald« zurück, nach dem anno 1330 Bauern auf der Feldmark einen männlichen Leichnam mit den Wundmalen des Gekreuzigten gefunden haben sollen. Spekulationen um den unverwesten Körper Christi setzten damals ganze Pilgerströme in Bewegung, bis die Sache gegen Ende des Jahrhunderts wieder einschlief.

Weiter geht es über die Felderflur der Großen Beckerseite hin-

Typisch für die Sababurg sind die Türme mit den welschen Hauben.

weg zur **Sabamühle** im Donnebachtal. An der rechten Talseite gewinnt *X 3* die Höhe der Autostraße und führt am Wirtshaus vorbei über die Querstraße zur **Sababurg** empor. Der Mainzer Erzbischof ließ sie um 1334 errichten, zum Schutze und mit dem Geld der Gottsbürener Pilger. Er verlor sie aber bis 1429 gänzlich an Hessen. Die hessischen Landgrafen bauten 1490 auf

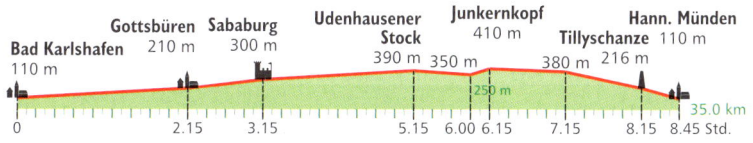

Bad Karlshafen 110 m — Gottsbüren 210 m — Sababurg 300 m — Udenhausener Stock 390 m — 350 m — Junkernkopf 410 m — Tillyschanze 380 m — 216 m — Hann. Münden 110 m — 250 m — 35.0 km

0 — 2.15 — 3.15 — 5.15 — 6.00 6.15 — 7.15 — 8.15 8.45 Std.

den Trümmern der wüst liegenden Burg ein Jagdschloss, das in den Wirren des Dreißig- bzw. Siebenjährigen Krieges Zerstörungen erlitt und ab 1826 dem allgemeinen Verfall preisgegeben war, bis 1959 ein Hotel in die ehemalige Ruine einzog. Wahrzeichen sind die beiden Rundtürme mit ihren welschen Hauben.

Nach der Schlossbesichtigung passiert X 3 das Wildschutzgebiet zum **Kassler Tor**. Anschließend erlaubt die lang gezogene Kassler Schneise ein zügiges Voranschreiten. Hinter dem Udenhausener Stock (Parkplatz) wendet sich die Route links hangabwärts ins Hemlebachtal, überwindet die nächste Anhöhe zum Hexenhäuschen der ehemaligen Grube Garenberg und erreicht auf ebenem Weg den Mündener Stock. Die letzte Etappe verläuft über den Staufenküppel hinweg zur **Tillyschanze**, einem 27 m hohen, steinernen Turm aus dem Jahre 1883, der einen fast luftbildartigen Überblick über Hann. Münden gewährt. Ein separater Raum erinnert an die Zerstörung Mündens durch die Truppen des Feldherrn Tilly im Jahre 1626. Auf dem engen Zickzackpfad gelangt

man zuletzt steil hinab in die Stadt.

B) Urwald-Rundweg: Wild und urwüchsig liegt der sogenannte Urwald westlich der Sababurg, ein forstwirtschaftlich ungenutztes, knapp 100 ha großes Areal, das 1907 auf Betreiben des Malers Theodor Rocholl den Naturschutzstatus erhielt. In dem Hutewald finden sich meterhohes Farnkraut, Birken und Erlen auf moorigem Grund sowie 600–800 Jahre alte Baumriesen in unheimlichen Formen, deren Stämme es auf sieben Meter Umfang bringen. Beim Parkplatz Drecktor am Eingang informiert eine Tafel über die verschieden langen Rundwege zwischen zwei

Urwüchsig und wild gibt sich noch an vielen Stellen der Reinhardswald.

und vier Kilometer. Alle sumpfigen Stellen sind mit Holzstegen versehen, und dank der guten Markierung findet jeder Besucher wieder aus dem Urwald heraus.

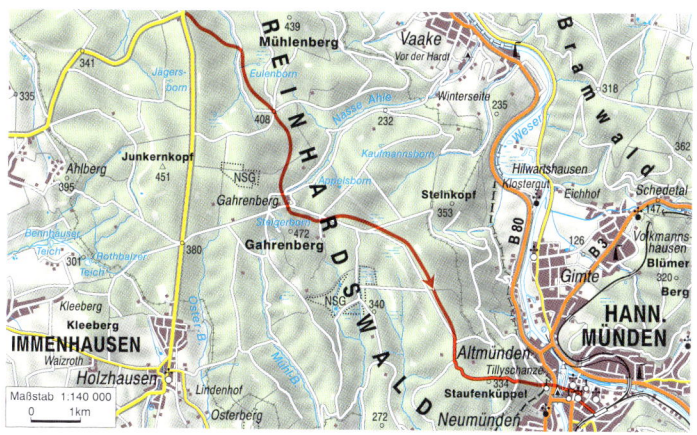

2.30 Std.

Steilufer und stille Wanderwege

Wo die Diemel in die Weser fließt, liegt Bad Karlshafen, eine 1699 vom hessischen Landgrafen Carl gegründete Hugenottensiedlung. Dessen Plan, von hier aus einen Kanal zur Umgehung des lästigen Mündener Stapelrechts bis in die Hauptstadt Kassel zu bauen, scheiterte an technischen und finanziellen Schwierigkeiten. Fertig gestellt wurde lediglich das Hafenbecken, der heutige Mittelpunkt des barocken Stadtkerns. Ob seiner reizvollen Umgebung sind die Wandermöglichkeiten rund um Karlshafen Legion. An der Weserseite lockt der Sollingsteilrand (Tour 9) und über dem Diemeltal laden Krukenburg, Hugenottenturm und Sängertempel zu einer feinen Rundtour ein.

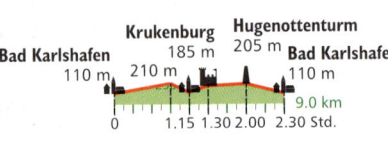

Ausgangspunkt: Bad Karlshafen.
Höhenunterschied: 185 m.
Anforderungen: Trittsicherheit, Orientierungsvermögen.
Einkehr: Helmarshausen.
Karte: Naturpark Solling – Vogler.

Blick vom Hugenottenturm auf die Weser bei Bad Karlshafen.

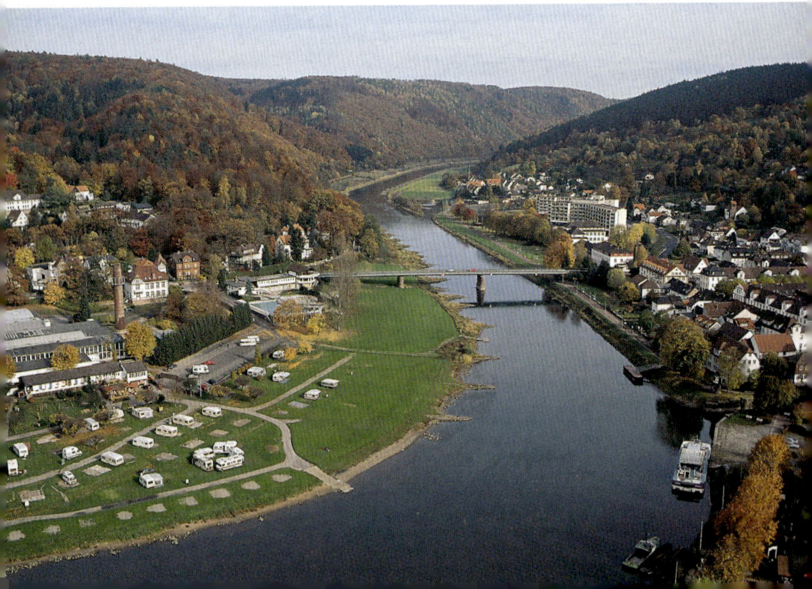

Auf steilem Bergsporn überragt die Krukenburg den historischen Klosterort Helmarshausen.

Der Rundweg nimmt am Hafenbecken seinen Ausgang (*X 3*), passiert ostwärts die Luthereiche und das **Schützenhaus**, um dann in den bewaldeten Prallhang des Diemelbogens einzubiegen. Dieser Streckenabschnitt ist ausgesprochen romantisch; kleine Felspartien säumen den Weg, dichtes Laubdach bricht das Sonnenlicht und zwei lauschige Rastplätze geben den Blick frei zur Krukenburg. Bei richtiger Beleuchtung scheint alles wie verzaubert.

Später kreuzt ein nüchterner Forstweg (Schutzhütte), der rechts bis zum Parkplatz an der Passstraße bringt. Hier wird es wieder spannend. Man beachte die Markierung *K 3*, die auf verschlungenem Wurzelpfad zwischen Büschen und Buchen nach **Helmarshausen** hinabzieht. Gleich hinter der Diemelbrücke beginnt beim kleinen

Neben dem Bergfried um den Rundbau der Johanneskapelle beeindruckt die Kruken-burg mit dem Palas des Paderborner Hauses.

Bergzoo der Gegenanstieg zur **Krukenburg**. Ihre Besichtigung kostet Eintritt, dafür bekommen Besucher aber auf dem mächtigen Bergfried ein herrliches Panorama geboten. Mittelpunkt der Anlage ist die 1121 geweihte Johanneskapelle, ein der Jerusalemer Grabeskirche nachempfundener Rundbau. Darum herum entstand zwischen 1215 und 1220 die eigentliche Krukenburg, angelegt zum Schutze der 998 gegründeten Benediktinerabtei Helmarshausen. 1495 begann die Zerstörung der Feste, eine umfassende Restaurierung fand erst 1980–89 statt.

Den Weiterweg bestimmt das Zeichen *K 21*. Eine Apfelbaumallee verläuft zum Waldrand, und im Diemelsteilhang erreicht man links am Hotel Juliushöhe vorbei den 1913 errichteten **Hugenottenturm**. Der steht genau über der Diemeleinmündung in die Weser und bietet den besten Blick auf Karlshafen. Mit dem Pavillon des **Sängertempels** wartet noch ein weiterer Aussichtspunkt am Weg, dann windet sich *K 22* in vielen Zickzack an imposanten Felsmauern entlang abwärts zur Bundesstraße nahe der Diemelbrücke bei Karlshafen.

Am Steilrand des Solling bei Karlshafen   9

Vom Lug-ins-Land zu den Hannoverschen Klippen

Auf ihrem Weg zum Meer hatte es die Weser zwischen Solling und Reinhards-wald am schwersten. Fast 250 m tief musste sie ihr Bett graben. Dabei ist am Südrand des Solling oberhalb Karlshafen eine einzigartige Steiluferlandschaft mit ihrem Wechselspiel von Prall- und Gleithängen entstanden, die sich von den Hannoverschen Klippen bis zur Flussbiegung am Kleinen Kuhlenberg erstreckt. Gut markierte Wege durchstreifen dieses Gelände, das an seinen exponiertesten Stellen fast senkrecht auf die Weser hinabschauen lässt. Wer anschließend über

die Hochfläche zurückwandert, erlebt die ganz andere Welt der schier end-losen Sollingwälder. Wie lichte Inseln wirken Schloss Nienover und Forst-haus Winnefeld, verbunden durch das idyllische Reiherbachtal mit geheim-nisvollen Teichen.

Ausgangspunkt: Bad Karlshafen, Park-platz am Bahnhof oder gegenüber der Jugendherberge.
Höhenunterschied: 350 m.

Anforderungen: Ausdauer, Orientie-rungsvermögen.
Einkehr: Brüggefeld.
Karte: Naturpark Solling – Vogler.

Rückblick vom Kleinen Kuhlenberg zur Weser.

Die Rundtour beginnt am Bahnhof. Das erste Zwischenziel heißt Lug-ins-Land, die Markierung lautet *K 34*. Auf bequemen Waldwegen bummelt man via Sperriesgrund zum sogenannten **Römerblick** und auf vergrastem Pfad bis zur Einmündung in die Route *K 35*. Jetzt wird es steiler, aber **Lug-ins-Land** ist bald erreicht. Der von alten Buchen eingerahmte Bergvorsprung oberhalb der Wahmbecker Flussschleife gibt einen herrlichen Rastplatz ab mit Aussicht, Schutzhütte und Bänken. Noch eindrucksvoller wirkt der Weserblick allerdings zwei Kilometer weiter östlich, vom Hang des Kleinen Kuhlenbergs. Kurz darauf zweigt links der Weg zum Mückenteich ab, später ist bereits **Schloss Nienover** ausgeschildert. Die im 15. Jahrhundert als Braunschweigischer Herzogsitz errichtete Anlage thront, von hohen Sandsteinmauern gestützt, auf einer Anhöhe über dem **Reiherbachtal**. In dessen

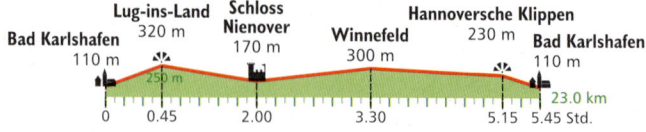

Bad Karlshafen
110 m

Lug-ins-Land
320 m

Schloss
Nienover
170 m

Winnefeld
300 m

Hannoversche Klippen
230 m

Bad Karlshafen
110 m

250 m

23.0 km

0   0.45   2.00   3.30   5.15   5.45 Std.

kühlem Grund verläuft die nächste Etappe. Zahlreiche kleine Teiche und seltsam verkrüppelte Huteeichen gestalten diesen Streckenabschnitt ausgesprochen kurzweilig. Hinter dem Forsthaus **Winnefeld** hält man anfangs auf der Straße Richtung Derental, biegt an der Kurve links in den Wald ein und folgt dann *X 3* südwärts zum Gasthaus in Brüggefeld. Anschließend führt *X 3* an den Wersersteilrand zurück, wo die **Hannoverschen Klippen** noch einmal dramatische Akzente setzen. Der vorderste der jäh

Romantisch wirken die Seerosenteiche im Reiherbachtal.

abfallenden Felstürme ist als Aussichtskanzel besteigbar und vermittelt einen verblüffenden Tiefblick ins Wesertal. Zum Ausklang der Tour windet sich ein regelrechter Schwindelpfad zwischen Felsblöcken und knorrigen Eichen abwärts zum Bahnhof **Karlshafen**.

Hafenbecken in Karlshafen, mit Rathaus und Hugenottenturm (r.o.).

Stille Wanderung um Hardegsen

*Am östlichen Sollingrand erstreckt sich der Weperkamm, eine mächtige Mu-
schelkalkstufe, deren westseitig abfallende Steilhänge mit ihrer einzigartigen
Trockenvegetation unter strengem Naturschutz stehen. Dem Wanderer er-
schließen die verschlungenen, wenig begangenen Weperpfade ein kleines
Paradies. Leider haben mittlerweile riesige Steinbrüche den südlichen We-
perausläufer durchlöchert, sodass dort die eigentliche Kammlinie nicht mehr
begangen werden kann.*

Ausgangspunkt: Hardegsen, Parkplatz
an der Burg.
Höhenunterschied: 190 m.
Anforderungen: Orientierungsvermö-
gen, stellenweise ohne Markierung.
Einkehr: Keine.
Karte: Naturpark Solling – Vogler.

Zentraler Ausgangspunkt jeder We-
perwanderung ist der Kurort **Hardegsen**. Die Wanderung beginnt
beim hochragenden Palas der im
12. Jahrhundert gegründeten **Burg
Hardeg** (historischer Rittersaal).
Enge Gassen geleiten zwischen
hübschen Fachwerkhäusern hinab
in die Unterstadt. Nahe der Göttin-
ger Straße taucht die Markierung N
auf, die rechts durch eine Siedlung
gegen den **Galgenberg** ansteigt.
Von diesem markanten Eckpunkt
lässt sich vortrefflich übers Leinetal

schauen. Steinbrüche und der Bahneinschnitt zwingen leider zu einem Ab-
wärtsmanöver, ehe am Rand einer weiteren Siedlung das Zeichen X wieder
hinauf in den Wald trägt (malerischer Blick auf Hardegsen). Wenn X später
zum zweiten Mal die Straße nach Fredesloh berührt, wechselt man auf G 1,
um gleich darauf links in einen vergrasten Pfad einzubiegen. Für eine Weile
gibt es nichts als Dickicht und Hochwald, bis die Route in den breiten Forstweg zur Sohnrey-Warte einmündet. Nicht lang, dann zweigt links ein
schmaler Steig ab, der im Steilhang hoch über dem Talgrund durch eine
zauberhafte Strauch- und Kiefernvegetation zum **Balos** führt. Oben, an der

gemauerten Sohnrey-
warte, öffnet sich ein
ausgedehntes Panora-
ma; sogar der Brocken
im Harz ist zu sehen.

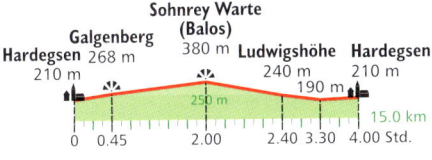

An Hecken und Acker-
flächen leitet die Fuß-
spur nördwärts in einen Sattel, aus dem ein Querweg links bergab gegen
Üssinghausen zieht. Unten bleibt man zwischen den Feldern, gelangt zur
Fahrstraße und erreicht links die Häuser von **Ludwigshöhe**. Hier liegen auf
einem vorspringenden Bergrücken im Wald versteckt die stattlichen Wallanlagen einer mittelalterlichen Burg (Informationstafel, Holzbrücke).
Die nächste Etappe trägt die Markierung *L*, ein lauschiger Weg, der immer
dicht dem wildromantischen **Espolder Bach** folgt und an der Grillhütte
»Poltsburg« auf die Markierung *X 16* trifft. Letztere bringt vorbei am **Wildge-
hege** Keilereck, den Sportanlagen und dem Wachturm zurück zur Burg.

Blick vom Weper über das Krummelbachtal zu den Sollingbergen.

Von Uslar nach Silberborn

Wem das Steigen Mühe bereitet, der findet im Solling ein ideales Wanderrevier. Dessen sanft geneigte Buntsandsteinscholle zeigt nämlich nur wenig ausmodulierte Erhebungen. Kilometerweit bedecken dichte Fichten- und Buchenwälder die Hochfläche. Manchmal dürstet es den Wanderer vielleicht nach einem Blick in die Ferne. So etwas gewährt der Solling aber nur von seinen zwei Aussichtstürmen, die als markante Ziele weithin sichtbar das Waldmeer überragen. Der steinerne Sollingturm auf dem Strutberg bei Uslar stammt noch aus den dreißiger Jahren, die Holzkonstruktion des Hochsollingturms am Moosberg bei Neuhaus datiert aus dem Jahr 1991. Bei einer Sollingdurchquerung spielen diese beiden Aussichtstürme die Hauptrolle.

Ausgangspunkt: Uslar, Parkplatz am Busbahnhof nahe der Jugendherberge.
Endpunkt: Neuhaus, letzter Bus Richtung Uslar außer samstags gegen 18 Uhr. Genaue Abfahrtszeit vorher erkunden.
Höhenunterschied: 463 m.

Anforderungen: Ausdauer.
Einkehr: Silberborn.
Variante: Ohne Umweg über Silberborn und Naturschutzgebiet Mecklenbruch 6 km kürzer, 4 Std.
Karte: Naturpark Solling – Vogler.

Seit 1991 überragt der Hochsollingturm die Fichten am Moosberg.

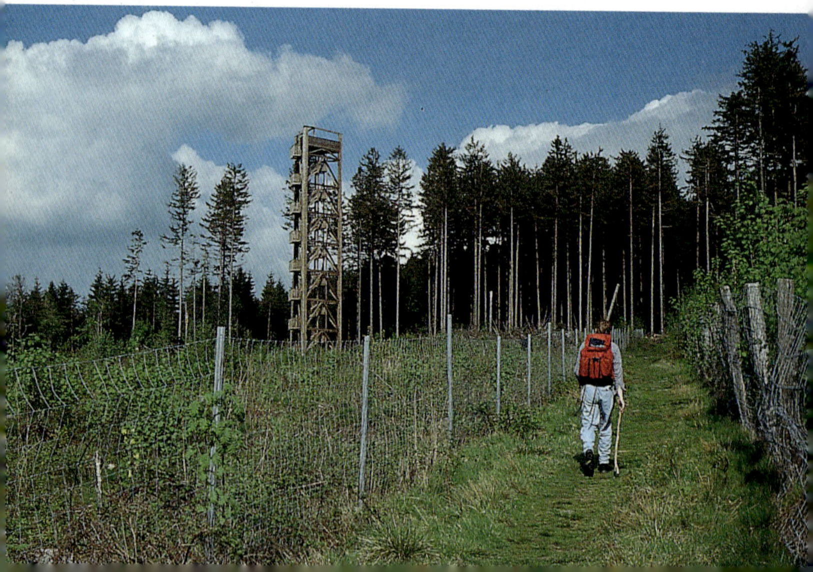

Von den Park-plätzen am Bus-bahnhof in **Uslar** zieht *X 19* in einer Allee nordwärts zum Waldrand,

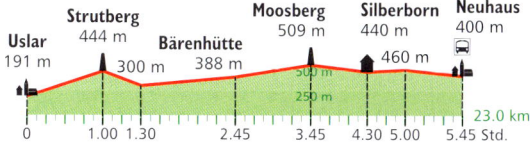

passiert zwei Weggabelungen und steigt als schmaler Pfad zum Strutberg em-por. Vom **Sollingturm** geht es zum kleinen Teich an der Zickenwiese und hier links im Bogen abwärts bis zum Reitplatz. Rechts verläuft *X 19* am Forsthaus Steinborn vorbei bis zur Verzweigung **Bärenhütte**. Hier benutzt man den rech-ten, unbezeichneten Weg. Hinter der Dölmehütte folgt zwischen dichten Fich-tenschonungen eine lange Gerade, bevor links die Route zum **Hochsolling-turm** am Moosberg abzweigt. Die 176 Stufen zur Aussichtsplattform er-schließen ein herrliches Mittelge-birgspanorama, dominiert vom ge-waltigen Köterberg im Westen. Vom Turm vermittelt der lauschige Lud-wig-Ilse-Weg den Kurzabstieg nach Neuhaus. Wer zeitig dran ist, wan-dert rechts weiter zur ehemaligen Glasmachersiedlung **Silberborn** und wählt beim Ortseingang die aus-geschilderte Route durch das NSG **Mecklenbruch**, das einzige ökolo-gisch noch intakte Hochmoor des Solling. Ein nettes Weglein leitet an-schließend im **Dölmengrund** bis nach **Neuhaus**. Von der Ortsmitte verkehrt ein Bus nach Uslar.

Von Boffzen zum Schloss Fürstenberg

Ein Besuch Fürstenbergs gehört quasi zum Pflichtprogramm des Weserbergwanderers. Bereits im 13. Jahrhundert stand auf steilem Fels über der Weser eine mächtige Grenzfeste der Welfen. Nach ihrer

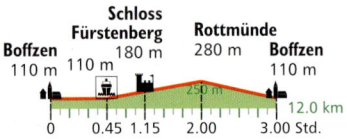

Zerstörung 1545 ließ der Herzog von Braunschweig auf den alten Mauern ein prächtiges Jagdschloss im Stil der Weserrenaissance errichten, dessen hellweiße Fassaden noch heute weit ins Land hinaus grüßen. Im Jahre 1747 bekam das Schloss eine neue Bestimmung als Porzellanmanufaktur. Die Idee dazu hatte Oberjägermeister Johannes Georg von Langen, der damit die reichen Holzvorräte im nahen Solling vorteilhaft nutzen wollte. Sein Dienstherr Herzog Carl I. unterstützte die Sache, und schon 1753 durften die Fürstenberger ihre Erzeugnisse mit dem bekannten blauen »F« signieren. Die Manufaktur ist inzwischen eine der ältesten in Europa. Berühmte Modelleure, Maler und Porzelleure trugen den guten Ruf Fürstenbergs in alle Welt. 1972 musste die Fabrikation aus dem Schloss ausgelagert werden und machte dem Porzellanmuseum Platz. Zahlreiche Konzerte, Lesungen und Vorträge haben im Schloss einen würdigen Rahmen gefunden. Den Höhepunkt der Saison bildet im September der farbenfrohe Venetianische Jahrmarkt.

Ausgangspunkt: Boffzen, Schiffsanleger.
Höhenunterschied: 170 m.
Anforderungen: Einfache Wanderung, stellenweise ohne Markierung.
Einkehr: Petri Winkel, Schloss Fürstenberg.
Karte: Naturpark Solling – Vogler.

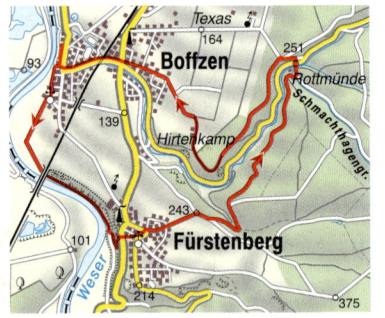

Den schönsten Zugang vermittelt der Weg vom Schiffsanleger in **Boffzen**. Von dem malerischen Platz unter alten Kastanien leitet X südwärts durchs Dorf, biegt bei der Kirche links in die **Weserauen** ein und tritt hinter der Eisenbahnbrücke dicht ans Flussufer heran. Voraus liegt Fürstenberg, hoch auf dem begrünten Steilhang des Kathagenberges – ein eindrucksvolles Bild.
Unterhalb der alten Steinbrüche erreicht der Uferweg den Petriwinkel,

eine nette Ausflugsgaststätte am Schiffsanleger Fürstenberg. Nach gemüt-
licher Flachstrecke wird es nun steil; zwei weit ausholende Kehren (*X 18*)
winden sich im Abhang des Kathagenberges (Naturschutzgebiet) empor
zum **Fürstenberger Schloss**. Das reich ausgestattete Porzellanmuseum
zeigt die Geschichte des »Weißen Goldes«. In der täglich geöffneten Ver-
kaufsausstellung gibt es alles, was schön und teuer ist. Aus fast luftbildarti-
ger Perspektive zeigt die Weserlandschaft von hier oben ein blaues Band in
sanften Kurven zwischen Wiesen, Dörfern und bewaldeten Höhenzügen.
Vom Schloss benutzt man im weiteren Verlauf die Straße nach Derental,
wählt an der Wandertafel links den Klappenweg und bummelt in einer
Kirschbaumallee hinauf zum Waldrand. Dort biegt die Route rechts ab, folgt
im dichten Mischwald der Ausschilderung »**Rottmünde**« bis zu dem ehemaligen Gasthaus, überquert die Straße nach Neuhaus und kehrt mit *X 2b*
über den aussichtsreichen **Sonnenberg** (Grillhütte) nach **Boffzen** zurück.

*Im dem um 1600 errichteten Renaissanceschloss Fürstenberg zeigt heute ein Porzel-
lanmusem die Geschichte des »Weißen Goldes«.*

4.45 Std.

Im kulturellen Mittelpunkt des Weserraumes

Vor den Toren der Stadt Höxter liegt die bedeutendste Klosteranlage des Weserberglandes. Das 822 gegründete Corvey entwickelte sich im frühen Mittelalter zu einem wichtigen kulturellen und politischen Zentrum der norddeutschen Länder. Sogar der erste deutsche Papst, Gregor V., hat in Corvey seine Laufbahn als Mönch begonnen. Bis ins 12. Jahrhundert dauerte die Blütezeit der Reichsabtei, dann begann der allmähliche Niedergang. Mit der Säkularisation 1803 ging das Kloster in den Besitz der hessischen Landgrafen über. Noch heute beeindrucken die enormen Ausmaße der Anlage. Das karolingische Westwerk der barocken Abteikirche stammt aus dem 9. Jahr-

hundert. Jüngeren Datums sind die Conventgebäude mit ihren Kreuzgängen sowie die großen Wirtschaftsgebäude, die eine Vorstellung vom einstigen Reichtum des Klosters geben. Sehenswert sind vor allem der Kaisersaal und die alte Bibliothek.

Ausgangspunkt: Kloster Corvey bei Höxter.
Höhenunterschied: 250 m.

Anforderungen: Ausdauer.
Einkehr: Lüchtringen, Steinkrug.
Karte: Naturpark Solling – Vogler.

Wegen seiner reizvollen Weserlage ist **Corvey** ein idealer Ausgangspunkt für einen Ausflug in den Solling. Die Markierung *X 16* lädt auf dem netten **Uferweg** zum Mitwandern Richtung Lüchtringen ein. Über die neue Brücke wechselt man in **Lüchtringen** ans östliche Weserufer, hält rechts zur Dorfmitte und nimmt die Westfalenstraße bergan, bis beim hölzernen Christus die Wegzeichen links zum Parkplatz Otterbach weisen. In der Stille des Waldes gewinnt *X 16* allmählich an Höhe. Wenn die Steigung aufhört, zweigt rechts ein Knüppeldamm zur **Frühstückseiche** ab, einem der letzten alten Baumriesen des Solling. Vor dieser romantischen Raststelle steht die kleine Lärchenhütte, die gern aufgesucht wird, wie ihr Hüttenbuch ausweist.

Die wuchtige Westfassade der Klosterkirche Corvey.

Etwas weiter südlich liegt an der Wegkreuzung Otterbachstern ein großer Gedenkstein für die Revierförster des Solling. Rechts abbiegend und später wieder links stößt man bei der »Hütte in Farn« unfehlbar auf die **Hammeltrift**. Sie bringt im langen Gefälle rechts hinab zum Steinkrug, einem freundlichen Ausflugslokal mit Weserblick. Anschließend leitet *X 2* von der Straße rechts durch die geheimnisvoll anmutende **Sollingpforte** ins Brückfeld und weiter über die Weserbrücke nach **Höxter**.

An der gewöhnlich belebten Weseranlage geht es zurück zum Kloster.

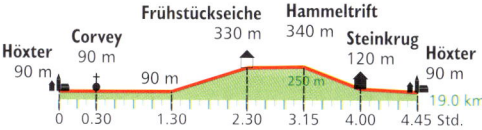

Höxter 90 m	Corvey 90 m		Frühstückseiche 330 m	Hammeltrift 340 m	Steinkrug 120 m	Höxter 90 m
		90 m		250 m		19.0 km

| 0 | 0.30 | 1.30 | 2.30 | 3.15 | 4.00 | 4.45 Std. |

45

Vogler, Hils und Ith

Nach den großen Plateaus von Solling und Reinhardswald dominieren weiter nordwärts schmale Schichtkämme, Kuppenformen und stark ausgeprägte Bergrücken. Eine Vielzahl von deutlich gegeneinander abgegrenzten Einzelmassiven ragen über kleinteiligen Acker- und Wiesengründen empor und erzeugen ein buntes, belebtes Landschaftsbild. Besonders stark zerklüftet ist der Gebirgsstock des Vogler nahe der Münchhausenstadt Bodenwerder. Einbrüche, Verwerfungen und Verschiebungen kennzeichnen diese relativ kleine, bewaldete Buntsandsteinscholle, die ringsum von tiefen Seitentälern eingeschnitten wird. Das macht den Vogler wie kein zweites Gebiet im Weserbergland zum idealen Wanderrevier. Drei Aussichtstürme sorgen für den nötigen Überblick, und auf dem alles beherrschenden Ebersnacken bekommt man das schönste Mittelgebirgspanorama zwischen Weser und Harz geboten.

Das offene Talsystem am Südrand des Vogler mit seinem anmutigen Kuppenspiel heißt im Volksmund »Rühler Schweiz«. Reizvoll ist es hier besonders Anfang Mai, wenn dieses hübsche Fleckchen Weserland den weißen Schleier der Kirsch-, Weißdorn- und Apfelblüte trägt. Dann sollte man sich auch das Kloster Amelungsborn anschauen. Die Klosterkirche der stattlichen Anlage vereint nämlich den gotischen und den romanischen Stil in einem Bauwerk. Östlich von Amelungsborn, zwischen dem mittelalterlich geprägten Stadtoldendorf und Eschershausen, drängt sich auf engstem Raum der aus Gips und Zechstein aufgebaute Homburg. Von der höchsten Kuppe schaut die gleichnamige, 1120 errichtete Burg herab, deren Bergfried heute als Aussichtsturm dient.

Das Flüsschen Lenne trennt Vogler und Homburg von dem lang gestreckten Kammzug des Ith. Dort ballt sich helles Juragestein zu gewaltigen Massen zusammen und bringt längs des scharfen Gebirgsscheitels abenteuerliche Klippen, bizarre Felsgebilde und bis zu 40 m hohe Felstürme hervor. Ähnliche Felsformationen treten auch am gegenüberliegenden Kanstein zu Tage, gut erschlossen durch einen unteren und oberen Klippenweg. Noch wilder erscheinen die im dichten Buchenbestand versteckten Klippen des Selter dicht über dem Leinetal. Nur verschlungene Fußpfade führen zu ihnen, und ihre Erkundung gleicht in der urwaldartigen Umgebung einem kleinen Abenteuer.

In der nördlichen Verlängerung des Selterkamms stößt man am Reuberg auf die sagenhaften Kalkgebilde des Glenedurchbruchs, den Lügenstein, die Lippoldhöhle und die Aussichtskanzel Hohenstein. Hier liegt der Schlupfwinkel des legendären Räubers Lippold, an den jeden Himmelfahrtstag ein Volksfest erinnert. Südlich des Selter beherrscht die Burg Greene am Abhang der Hube das Leinetal. Ihrem stolzen, gut erhaltenen Bergfried gelten die meisten Wanderungen im Bereich des Fachwerkstädtchens Einbeck. Zwischen all diesen gratartigen Bergrücken nimmt das große bewaldete Oval

Vor der Silhouette des Ith liegt das Dörfchen Heyen.

des Hils eine Sonderstellung ein. Dessen schüsselförmig gebogenes Sandsteinschichtsystem ist nur wenig von Brüchen oder Verwerfungen gestört und zeigt allein im Taleinschnitt der Wispe eine winzige Öffnung. Eiseneinlagerungen im Hilssandstein führten ab dem 16. Jahrhundert zu vereinzeltem Erzabbau. Ebenfalls sehr alt dürfte die Nutzung der feinen Sande zur Glasherstellung sein. Die Glasmachertradition lebt heute fort in der 1744 gegründeten Glasmachersiedlung Grünenplan, die vollständig im grünen Oval eingeschlossen liegt und einen vortrefflichen Ausgangspunkt für stille Waldwanderungen bildet.

Nördlich des Hils stößt man in der Ith-Hils-Mulde auf das Erholungsgebiet Duinger Seen. Die heute so anmutig wirkende Seenlandschaft geht auf den 1966 eingestellten Braunkohletagebau zurück und gibt ein gutes Beispiel gelungener Renaturierung. Zwei Seen dienen dem Bade- und Bootsvergnügen, andere sind den Wasservögeln vorbehalten. Nicht weit von der Seenplatte entfernt befindet sich ein seltsames Natur- oder besser Kulturdenkmal – der Wasserbaum von Ockensen. Dabei handelt es sich dem äußeren Anschein zum Trotz keineswegs um einen Baum, sondern um ein übermannshohes Holzrohr, das früher einmal einem Sägewerkbesitzer als »Überlaufventil« für seinen Turbinenteich diente. Zwar arbeitet das Sägewerk längst nicht mehr, aber noch immer sprudelt das Wasser aus dem hoch aufgerichteten, vom Kalksinter mittlerweile völlig überzogenen Rohr. Der Sinter wächst weiter und seine bemoosten Ablagerungen erwecken den Eindruck eines uralten, Wasser spendenden Baumstamms.

Wasser, Wald und »Weinberge«

Die Lage des Weserdörfchens Rühle am Abhang des Vogler könnte nicht vollkommener sein: Wasser im Westen, Berge im Osten und im Süden das heitere Kuppenspiel der »Rühler Schweiz«. In der Rühler Schweiz muss man zur Zeit der Kirschblüte wandern, dann ist alles in einen weißen Schleier gehüllt. Leider gibt es hier kein gut markiertes Wegenetz. Für die folgende Rundtour sind deshalb Orientierungsvermögen und Kartenlesen ebenso gefragt wie die Bereitschaft, auch einmal ausgetretene Routen zu verlassen.

Ausgangspunkt: Rühle, Dorfmitte.
Höhenunterschied: 370 m.
Anforderungen: Teilweise weglos, Orientierungsvermögen.

Einkehr: Keine.
Variante: Ohne Holenberger Weinberg 16 km.
Karte: Naturpark Solling – Vogler.

Erstes Etappenziel ist der **Rühler Weinberg**. Aus der Dorfmitte nimmt man links das Sträßchen »Am Weinberg«, biegt am Gasthaus »Peerstall« rechts ab und steigt auf zahlreichen Serpentinen in einer typischen Trockenvegetation empor zum Ehrenmal des letzten Braunschweiger Herzogs. Wie aus einer Loge fällt der Blick hinab auf die Dächer von Rühle, die Weserschleife und das gegenüberliegende Pegelsdorf.

Ostseitig verlässt die Route den Weinberg auf breitem Weg, wechselt an der Wiese rechts auf den schmalen Pfad, bleibt dann links, überquert rechts den Bach und folgt links längere Zeit dem Waldrandweg der Ausschilderung Holenberg. Beim Parkplatz lockt rechts die frei stehende Kuppe des **Holenberger Weinberges**. Wie am Rühler Weinberg haben sich auch hier im Mittelalter die Mönche des nahen Klosters Amelungsborn im Weinanbau versucht, ohne großen Erfolg.

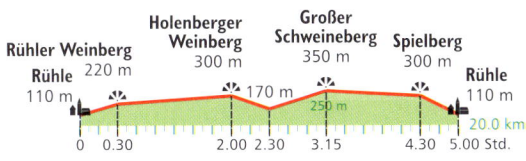

Rühler Schweiz: Ein Wechselspiel von Wiesen und Waldkuppen.

Bei klarer Sicht ist die ostseitige Umrundung des Weinbergs ein Genuss. Das Ganze endet leider vor einem einzelnen Haus. Deshalb geht es an dieser Stelle ein Stück zurück, am Hochsitz rechts in den vergrasten Weg, vor der Buschreihe links ohne Spur zu einem tiefer verlaufenden Wurzelpfad, mit ihm rechts zum Feldrain, dort gleich wieder links und neben den Forellenteichen zum breiten Querweg Grasgrund – Arpenberg. Wer das weglose Stück am Holenberger Weinberg scheut, kann die Tour im Grasgrund abkürzen und direkt den **Großen Apenberg** ansteuern. Es folgt eine herrliche Panoramawanderung an Apenberg, Schweineberg und **Dietrichsberg** entlang bis zum Scheitelpunkt der Straße Rühle – Golmbach (Sandsteinsäule). Ein Feldweg quert westwärts den **Hangberg** und stößt auf die markierte Route nach Rühle. Vom anschließenden **Spielberg** zeigt sich nochmals die einzigartige Lage Rühles im Voglerkessel, dann leitet ein kehrenreiches Asphaltsträßchen hinab zum Ausgangspunkt.

49

Bodoturm und Ebersnacken

Zu den am stärksten zerklüfteten Gebirgszügen längs der Oberweser gehört der Vogler. Seine Buntsandsteinscholle ist arg mitgenommen, verkantet, verschoben, eingebrochen und schließlich durch Oberflächenwasser stark ausmodelliert. Tief eingeschnittene Täler, steile Hänge und schmale Bergrücken wechseln einander ab. Damit nicht genug, fächert sich fast jedes Tal in mehrere Seitentälchen auf, und viele Kämme zeigen ausgeprägte Vorsprünge oder Bergnasen. Das alles fordert zum Wandern geradezu heraus, zumal rundherum markierte Wege den Vogler durchziehen und zwei Aussichtstürme weite Ausblicke übers Weserbergland versprechen. Die beiden Aussichtstürme haben jeweils ihre eigene Geschichte. Der Bodoturm auf dem 413 m hohen Zimmertalskopf ist nach dem Ritter Bodo von Homburg benannt, dem Oberherrn der Stadt Bodenwerder im 12. Jahrhundert. Der erste Holzturm überdauerte wegen Wurmfraß nur von 1911 bis 1933, der zweite hielt von 1957 bis 1977. Ein Jahr darauf entschloss sich der Verkehrsverein Bodenwerder dann zum Bau einer soliden Metallkonstruktion, ein Turm fast für die Ewigkeit. Auf dem höchsten Punkt des Voglers, dem Ebersnacken (468 m), entstand bereits 1890 ein Vermessungsturm, der 1910 zusammenstürzte und 1922 durch eine stabilere Warte ersetzt wurde. Aber auch diese fiel 20 Jahre später dem Zahn der Zeit zum Opfer und es folgte 1955 ein drittes, 1990 erneuertes Bauwerk in Form eines Ölbohrturmes, das heute als Wahrzeichen des Voglers von überall her zu sehen ist. Beide Türme sind beliebte Ausflugsziele, die sich durch einen netten Rundweg von Kirchbrak aus bestens miteinander kombinieren lassen.

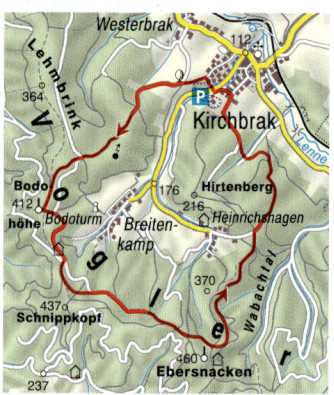

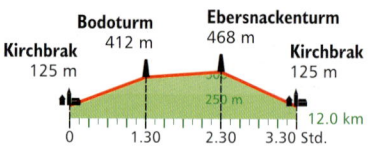

Ausgangspunkt: Kirchbrak, Wanderparkplatz an der Straße nach Heinrichshagen.
Höhenunterschied: 343 m.
Anforderungen: Einfache Wanderung.
Einkehr: Keine.
Karte: Naturpark Solling – Vogler.

Der Anstieg von Kirchbrak zum Bodoturm passiert diesen Rastplatz.

Vom Wanderparkplatz am Denkmal quert die Route den Niederer Bach zur gegenüberliegenden Hangsiedlung und gewinnt über freie Feldflur den bewaldeten Rücken des Breitenkamper Berges. Der zieht empor bis zum Hauptkamm, den man wenig nördlich des Bodoturms erreicht. Hübsch zeigt sich von dort die Weserschleife bei Pegelsdorf; auch der Talkessel von **Bodenwerder** kommt gut zur Geltung.

Ein lauschiger Pfad bringt im lebhaften Auf und Ab des Voglerscheitels hinüber zum **Ebersnackenturm**. Was es hier oben alles zu entdecken gibt, erklärt eine detaillierte Panoramatafel.

Unmittelbar vom Turmsockel leitet nordostwärts ein schmaler Steig ziemlich steil hinab. Später stößt man auf die Ausschilderung Kirchbrak und nimmt an der Wegverzweigung links die Variante durch den Einschnitt der **Sülpke**. Am Ortseingang führt dann die Mausebergstraße zum Ausgangsparkplatz zurück.

Vom Kellbergturm zur Ruine Homburg

Ein kleines, reizvoll in sich abgeschlossenes Revier bildet der Homburg zwischen Solling, Vogler und Ith. Das Gebiet ist aus Gips der Zechsteinzeit aufgebaut und zeigt die verschiedensten Formen des Gipskarstes (Erdfälle). Unübersehbar sind leider auch die Wunden, die die zum Teil großen Steinbrüche der Landschaft zugefügt haben. Als dominierende Berggestalt ragt im Mittelpunkt der Kegel des Großen Homburgs empor, mit der malerischen Ruine der gleichnamigen Burg. Northeimer Grafen ließen sie um 1120 zur Sicherung ihres umfangreichen Besitzes zwischen Weser und Leine errichten. Später erwarben die Braunschweiger die Herrschaft. Bis 1535 muss die Burg alten Quellen zufolge bewohnt gewesen sein, dann begann durch Wind und Wetter der allmähliche Verfall. 1934 wurde die Anlage restauriert und der mächtige Bergfried als Aussichtsturm wieder aufgebaut. Daneben sind noch umfangreiche Mauerreste sowie der Ring des Burgbrunnens vorhanden. Er soll eine Tiefe von mindestens 100 m gehabt haben.

Ausgangspunkt: Bahnhof Stadtoldendorf.
Höhenunterschied: 241 m.
Anforderungen: Einfache Wanderung.

Einkehr: Keine.
Variante: Für Autofahrer günstiger Ausgangspunkt Schützenhaus, dann 7,5 km.
Karte: Naturpark Solling – Vogler.

Idealer Ausgangspunkt für Wanderungen in den Homburg ist das mittelalterlich geprägte **Stadtoldendorf** mit seinen Mauern und Türmen. Ab Bahnhof (Ortsmitte) weist die Markierung *X 15* durch eine Hangsiedlung hinauf zum **Kellberg**, dessen eiserner, 2007 sanierter Aussichtsturm einen freien Blick über Stadtoldendorf zum Vogler und Solling gewährt.
Vom Turm bummelt man über die idyllischen Kellbergwiesen und nimmt den Waldpfad links hinab zum Rand eines lieblichen Wiesengrundes.

Den Mittelpunkt der Ruine Homburg dominiert der runde Bergfried, der einen vorzüglichen Aussichtspunkt abgibt. Derzeit leider gesperrt.

Rechts haltend geht es unter Buchen zum Waldrand und an der Abzweigung des *X 15* weiter geradeaus, bis der Forstweg entlang des Hanges die große Kreuzung am Jugendwaldheim »25 Eichen« erreicht.

Ein kurzer Steilanstieg gilt der **Homburg**, deren frei zugänglicher Bergfried einmal ganz in die Runde schauen lässt. Besonders plastisch tritt das nahe Voglermassiv hervor, aber auch der Hils und der lange Ithkamm kommen gut zur Geltung. Momentan (2008) ist der Bergfried leider aus statischen Gründen gesperrt.

Zurück am Jugendwaldheim folgt man dem Waldlehrpfad (Rohteweg) an den Erdfällen und Gipsbrüchen vorbei zum Parkplatz am **Schützenhaus**.

Abschließend bringt *X 14* wieder nach **Stadtoldendorf** hinein.

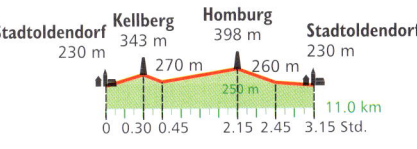

Raabe-Turm und Glasebachteich

Wie ein großes Oval umschließt der Hils den traditionsreichen Glasmacherort Grünenplan. Bereits um 1200 standen im Inneren der Hilsmulde die Hütten der Glasmacher, die dort zwei wichtige Rohstoffe vorfanden, den feinen Sand der Tertiärablagerungen und reichlich Holz für ihre Schmelzöfen. 1750 gründete Herzog Carl I. von Braunschweig hier die »Fürstliche Spiegelglashütte« sowie parallel dazu die Arbeitersiedlung auf dem »Grünen Plan«. Von der Glasproduktion lebt der Ort noch immer (Deutsche Spezialglas AG), aber auch der Wandertourismus hat in diese abgeschiedene Waldidylle mittlerweile Einzug gehalten. Die vornehmsten Ausflugsziele sind der Raabe-Turm, benannt nach dem Heimatdichter Wilhelm Raabe aus Eschershausen, sowie der kleine Glasebachteich, die blaue Perle des Hils. Beide zusammen ergeben eine entzückende Rundtour.

Ausgangspunkt: Grünenplan, Parkplatz Schwarzer Weg.
Höhenunterschied: 252 m.

Anforderungen: Einfache Wanderung.
Einkehr: Roter Fuchs.
Karte: Naturpark Solling – Vogler.

Den günstigsten Ausgangspunkt bildet der Parkplatz Schwarzer Weg an der Straße Richtung Alfeld. Ein Fahrdamm leitet zum »**Langen Weg**«, der den gesamten Innenbogen des Hils quert. Auf ihm hält man sich zunächst links und nimmt dann rechts die nächste Abzweigung empor zum Bergrücken. Oben führt *X* westwärts in angenehmer Höhenwanderung durch schattigen Mischwald zur ersten Kuppe mit der **Feuerschneisenhütte**. Der kleine Pavillon erlaubt einen einseitigen, gleichwohl reizvollen Ausblick über die weite Talmulde der Saale hinweg zum Kanstein, zum Ith und zu den Sieben Bergen.

Ein 360°-Panorama vermittelt wenig später der **Raabe-Turm** auf dem Großeohl. Vogler, Homburg, Ith und Kanstein stehen in schönster Ordnung aufgereiht. Dem Besucher bot sich bis vor kurzem auch das Paradebild eines abgestorbenen Waldes. Die nebelreiche Kammlage des Hils ist den Luftschadstoffen in besonderer Weise ausgesetzt, was die standortfremde Douglasie auf Dauer ebenso wenig verkraftet wie die heimische Fichte.

Der Kammweg zieht weiter zum Roten Fuchs

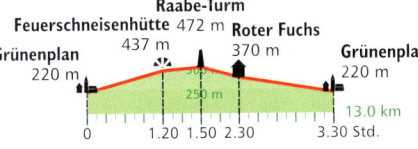

(Gasthaus), an dem auch der »Von-Lange Platz« mündet. Auf ihm (Markierung *XN, E 11*) geht es noch vor der Passstraße links zurück um zwei Hangrücken herum, bis rechts ein schmaler Pfad hinab zur freundlichen Glasebachwiese mit dem erwähnten **Glasebachteich** bringt. Nahe der Glasfabrik trifft man kurz darauf wieder in **Grünenplan** ein. Zum Abschluss lohnt ein Besuch im Erich-Mäder-Glasmuseum.

Paradebild eines abgestorbenen Waldes am Raabe-Turm. Mittlerweile ist der Jungwald wieder nachgewachsen.

Die »Dolomiten des Leinetals«

Zu den merkwürdigsten Felsgebilden im Weserraum zählen die Selterklippen, die »Dolomiten des Leinetals«. So phantastisch wie ihre Formen sind auch ihre Namen. »Klamottenwand«, »Räucherschinken«, »Schweizerkäs«, »Nussknacker« oder »Kammerkeule« heißen einige der bizarren Gestalten aus Dolomitgestein, die auf der ganzen Länge des Selterkammes gut versteckt im Buchenwald stehen. Der steile, feuchte Stufenhang und die überwucherten Blockfelder haben jede forstwirtschaftliche Nutzung rund um die Klippen erschwert, sodass sich ein regelrechter Urwald erhalten hat. Nur holprige Trampelpfade führen zu den Felstürmen; wer sie erkunden möchte, muss im wahrsten Sinne des Wortes über Stock und Stein gehen. In dem rutschigen Gelände mit den umgestürzten Bäumen und bemoosten Gesteinstrümmern ist Trittsicherheit oberstes Gebot. Außerdem sollte man vormittags kommen, dann fangen die hellen Kalkmauern das Sonnenlicht ein und entfalten unter dem grünen Laubdach ihre ganze Pracht.

Ausgangspunkt: Naensen, Sportanlagen an der Straße nach Greene.
Höhenunterschied: 170 m.
Anforderungen: Trittsicherheit, Orientierungsvermögen.
Einkehr: Keine.
Karte: Naturpark Solling – Vogler.

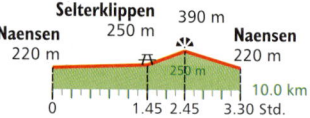

Der beste Zugang zum Selterkamm beginnt in **Naensen**, beim Sportplatz an der Straße nach Greene. Das Zeichen *XR* leitet am Waldrand zur hübsch gelegenen **Grillhütte** und quert die Feldflur, bis rechts ein Brennesselweg die Kammhöhe gewinnt. Wo *XR* als Kammroute weiterläuft, biegt rechts ein vergraster Weg in den Nordosthang ein. Zwischen den Buchen tauchen die ersten Dolomitriesen auf, je nach Beleuchtung ein aufregendes Bild. Der Hangweg bleibt oberhalb der Abbrüche, deshalb sollte man mit der nächsten Fußspur hinab zum Sockel der **Selterklippen** steigen. Hier wirkt alles noch eindringlicher, noch dramatischer. Lotrechte Wände, vorspringende Grate und überhängende Dächer schaffen eine grandiose Felsszenerie. Das Vorankommen gestaltet sich beschwerlich, dafür wartet hinter jeder Biegung eine neue Überraschung.

Vor den Rohren des Pumpspeicherwerkes orientiert man sich zum Hangweg zurück, schaut von der kleinen **Aussichtskanzel** hinab ins Leinetal und taucht am schmalen Steig wieder in die Wildnis der Klippen ein. Nach Durchschreiten der engen Schlucht ist der felsige Teil der Strecke geschafft. Den Abschluss bildet der Viertannenturm auf der Höhe des Hangweges, dann geht es links empor zum Kamm und längs der Scheitellinie südostwärts zum **Oberen Pumpspeicherbecken**. Eine Informationsplattform gibt einen Überblick über die Anlage und erläutert ihre Funktion. Vom Parkplatz bringt *XR* nach einem monotonen Straßenkilometer links über den Kammrücken wieder zum Ausgangspunkt zurück.

Urwaldartig sind stellenweise die Pfade an den Selterklippen.

Zur schönsten Burgruine des Leinetals

Das niedersächsische Einbeck zwischen Weser und Leine ist die Heimat des Bockbieres, das von hier seit dem 14. Jahrhundert in alle Welt exportiert wird. Die Braukunst machte das einstige Hansemitglied im Spätmittelalter zu einer der reichsten Städte in Norddeutschland. Davon künden noch die reich verzierten Fachwerkhäuser im Zentrum. Am schönsten ist Einbeck am Marktplatz, vor dem dreitürmigen Rathaus mit dem Eulenspiegelbrunnen. Die malerische Altstadt vermittelt auch eine gute Einstimmung für die Wanderung zur Burg Greene, im Hinweg über die bewaldete Hube und zurück durch die offene Flurlandschaft oberhalb des Leinetals.

Ausgangspunkt: Parkplätze in der Altstadt von Einbeck.
Höhenunterschied: 275 m.
Anforderungen: Ausdauer, Orientierungsvermögen, teilweise ohne Markierung.
Einkehr: Keine.
Karte: Naturpark Solling – Vogler.

Die Durststrecke der Tour kommt gleich zu Beginn, auf dem langen **Hubeweg** empor zum Waldrand. Glücklicherweise verläuft parallel zur Straße eine schattige Lindenallee. Beim zweiten Wanderparkplatz nach dem Hotel Hasenjäger wählt man rechts den Forstweg über den Fuchshöhlenberg (Sendemast) zur **Schwarzen Hütte**. Alle Anstiege von Einbeck treffen hier am vielarmigen Wegweiser zusammen, einst ein wichtiger Verkehrsknotenpunkt für die hölzernen Fuhrwerke, die den damals noch sumpfigen Lenneauen ausweichen mussten.

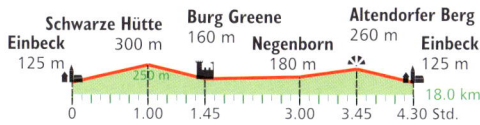

Oben: Besonders schön sind im Herbst die Wanderwege bei Burg Greene.

Nächste Seite: Der wuchtige Bergfried der Burg Greene ist als Aussichtsturm zugänglich.

Eine längere Gefällstrecke und ein kurzer Gegenanstieg bringen zum nächsten Ziel, der reizvoll gelegenen **Burg Greene**. Eine Tafel im Innenhof berichtet über die wechselvolle Geschichte der Anlage, die 1308 errichtet und bis 1694 genutzt wurde. Danach begann ihr allmählicher Verfall. Erhalten ist der mächtige, als Aussichtsturm zugängliche Bergfried.

Am Parkplatz oberhalb Greene benutzt man das Forststräßchen, nimmt im Wald links den vergrasten »Taubergweg« zum Rastplatz »**Taubergs Ruh**« und wandert stets in Waldrandnähe bis zum sogenannten Himmelreich. Wer jetzt immer hangseitig auf dem »Südrandweg« bleibt, kann nicht fehlgehen und erreicht bald das hübsche **Negenborn** am Sporn des Burgbergs. Seinen Namen verdankt es den Neun Quellen in der Dorfmitte. Zwischen Feldern führt ein verwachsener Pfad aufwärts zum botanisch interessanten **Altendorfer Berg** (Trockenvegetation). Nach kurzem Kammweg links beginnt an der Buschwiese hinter dem Kieferngehölz der verschlungene Abstieg zwischen dichten Hecken hinunter nach **Einbeck**. Vom Stadtrand vermittelt der Weinbergweg den schnellsten Rückweg ins Zentrum.

Im Glenedurchbruch

Auf ihrem Weg zur Leine hat sich die Glene tief in den Dolomit des Reubergs eingegraben und dabei bizarre Felsformationen geschaffen. Dieser Glenedurchbruch bei Brunkensen zählt zu den landschaftlich reizvollsten Stellen zwischen Weser und Leine. Während an der Nordseite des Einschnittes der Hohenstein hoch über dem Talgrund aufragt, liegt am Südufer der Glene unter mächtigen Kalkklippen die sagenumwobene Lippoldhöhle. Die durch Mineralienauslaugung entstandenen Gänge wurden in grauer Vorzeit von Menschenhand erweitert und dienten vermutlich schon als keltische oder germanische Kultstätte. Im Mittelalter soll hier der Bösewicht Lippold gehaust haben. Der Sage zufolge entführte er die Bürgermeisterstochter aus Alsfeld und hielt sie jahrelang in den Höhlengemächern gefangen, bis ihn endlich seine gerechte Strafe ereilte. Das Andenken daran bewahrt alljährlich zu Himmelfahrt ein kleines Volksfest nahe der Höhle, dessen Höhepunkt der leibhaftige Auftritt des Räubers bildet. Nicht weit entfernt schwebt über einem engen Felsspalt ein tonnenschwerer Gesteinsblock, der sogenannte Lügenstein, eine alte Gerichtsstätte. Der Überlieferung nach soll der Stein herabfallen, sobald ein Lügner das Tor passiert.

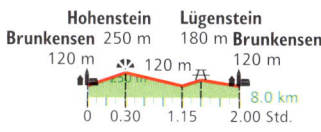

Ausgangspunkt: Brunkensen, Parkplatz »Am Gänsestein« an der Straße nach Warzen.
Höhenunterschied: 190 m.

Anforderungen: Trittsicherheit am Lügenstein.
Einkehr: Keine.
Karte: Freizeitkarte Leinebergland.

Die Rundwanderung beginnt in **Brunkensen**. Am nordwestlichen Dorfrand zeigt das Hinweisschild Hohenstein schräg aufwärts zum Waldrand. Vorbei an der Humberg-Schutzhütte bringt ein Forstweg in mäßiger Steigung empor zur Hochfläche. Die dezent ange-

Blick von der Felsnase des Hohensteins über Bunkensen ins Leinebergland.

brachte Markierung weist nach links, und wo der breite Wirtschaftsweg später rechts will, gelangt man auf vergrastem, undeutlichem Pfad geradeaus zur Felsnase des **Hohensteins**. Die Aussicht reicht über Brunkensen hinweg bis zu den »Sieben Bergen«. Zurück am Wirtschaftsweg geht es im Bogen links durch Wald und Feld hinunter zur Glenebrücke (Parkplatz). Jenseits des Flüsschens trifft man rechts haltend am romantischen Ufer bald auf die **Lippoldhöhle**. Die einzelnen Kammern (»Küche«, »Pferdestall«, »Gemächer«) sind leicht begehbar, der lange Gang mit der Eisenleiter erfordert allerdings eine Taschenlampe. Von der Höhle führt der markierte Klippensteig links hinauf zum **Lügenstein**, verläuft dann dicht unterhalb der Felsmauern bis zu einem Durchschlupf und bringt schließlich oberhalb der Türme zur Lippoldhöhle zurück. Parallel zur Glene leitet eine Allee alter Bäume wieder nach **Brunkensen** hinein.

Der 2 t schwere Lügenstein schwebt 7 m hoch über einem Felstor.

2.30 Std.

Königszinne und Bismarckturm

In seiner Fremdenverkehrswerbung erwähnt der Luftkurort Bodenwerder neben der historischen Altstadt, der Sommerrodelbahn und den Münchhausenspielen auch zwei Aussichtstürme – den Bismarckturm und die Königszinne. Beide sind aus rotem Bruchsandstein aufgebaut und deshalb von den Weserterassen aus gut zu erkennen. Die burgähnliche Königszinne aus dem Jahre 1863 – sie erinnert an die Schlacht bei Leipzig – steht am nördlichen Endpunkt des Vogler. Der 1913 im historisierenden Stil errichtete Bismarckturm thront direkt gegenüber auf dem Eckberg. Dazwischen liegt das tief eingeschnittene Durchbruchstal der Lenne, was die geografische Eigenständigkeit der zwei Erhebungen deutlich unterstreicht.

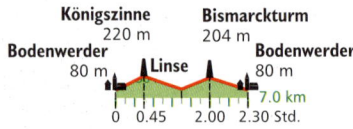

Ausgangspunkt: Bodenwerder, Parkplatz am alten Rathaus.
Höhenunterschied: 254 m.
Anforderungen: Orientierungsvermögen.
Einkehr: Keine.
Karte: Naturpark Schaumburg – Hameln.

Leider sind die Zugänge zu den Türmen unten in der Stadt nur mangelhaft ausgewiesen. Deshalb dient die **Jugendherberge** als wichtiges Zwischenziel. Sie liegt im größeren Ortsteil am östlichen Weserufer und ist dank der Hinweisschilder via Stefanusstraße leicht zu finden. Vom Waldrand nahe der Jugendherberge gewinnt ein gleichmäßiger Zickzackweg schnell an Höhe und erreicht ohne Umschweife den gedrungenen Turm der **Königszinne**. Fast senkrecht schaut man auf Bodenwerder hinab, jedes Detail am Hafen, an der Werft oder in der Altstadt ist zu erkennen.
Die Abstiegsroute verläuft rechts unterhalb eines alten Steinbruchs und senkt sich allmählich hinab zum Waldrand. Mit schönem Lennetalblick geht

Bodenwerder, die Münchhausenstadt beidseits der Weser.

es jetzt zwischen den Feldern ins verträumte Rittergut **Buchhagen**. Über einen lauschigen Hohlweg gelangt man weiter zur Gaststätte an der Autostraße.

Der nächste Abzweig leitet links in die **Lenneaue**, wo eine Fußgängerbrücke das Flüsschen überspannt. Am anderen Ufer bummelt man nach **Linse** und biegt kurz hinter der Kirche rechts in die Siedlung »Am Eckberg« ein. Beim ersten Starkstrommast zieht links ein asphaltierter Feldweg empor zum Umsetzer. Von dort ist es nicht mehr weit zum **Bismarckturm**. Anders als von der Königszinne erfasst das Panorama hier den ganzen Weserbogen, von Hehlen im Westen bis Pegelsdorf im Süden, wo der Strom zwischen dem Voglermassiv und den Abhängen der Ottensteiner Hochfläche dem Blick entschwindet.

Den Schlusspunkt der Wanderung setzt ein aufregend angelegter Steig, der mit zahlreichen Kehren und Treppen steil hinab zum **Weseruferweg** führt. Der verläuft unter der Umgehungsstraße und der Eisenbahnbrücke hindurch wieder nach **Bodenwerder**.

Hexenküche und Lönsturm

Wie eine hohe Tafel do-
miniert der aus Dolomit-
ablagerungen aufgebau-
te Thüster Berg die Land-
schaft westlich der Lei-
ne. Am höchsten Punkt,

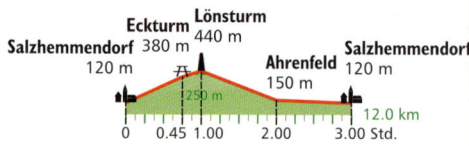

dem Kanstein, markieren ein Fernmeldeturm und ein Aussichtsturm die geografisch bedeutsame Lage dieses Gebirgszuges. Auch geologisch ist der Kanstein interessant. An seiner steil abfallenden Nordseite stehen, zumeist im Laubwald versteckt, eine Reihe lotrecht aufsteigender Kalkklippen mit so bezeichnenden Namen wie Dreckturm, Liebesnadel, Falkenturm usw. Anders sieht es an der Südwestseite aus. Dort haben riesige Steinbrüche dem Berg unübersehbare Wunden geschlagen. Teile der aufgelassenen Steinbruchflächen hat sich die Natur allerdings durch Birken-, Kiefern- und Weidenanflug wieder zurückerobert. Bester Ausgangspunkt für eine Kansteinwanderung ist Salzhemmendorf. Der Ort gründet seine Siedlung auf eine bereits 1022 erwähnte Solequelle, die im Mittelalter vor allem zur Salzgewinnung genutzt wurde. Daraus entwickelte sich später ein kleines Heilbad.

Ausgangspunkt: Ith-Therme in Salzhemmendorf.
Höhenunterschied: 320 m.
Anforderungen: Trittsicherheit beim Besuch der Felstürme, ansonsten einfach.
Einkehr: Keine.
Variante: Abstecher zu den Klippen des

Kanstein, vom Lönsturm ein kurzes Stück zurück, dann rechts auf breitem Forstweg, nach 500 m links auf Pfadspuren zur Steilkante.
Hinweis: Direkt vom Parkplatz Grundschule 2 km kürzer.
Karte: Naturpark Schaumburg – Hameln.

Von der Ith-Therme geht es längs der **Saaleauen** ins Dorf an der Kirche rechts zur Grundschule und mit der Ausschilderung »Lönsturm« in den Wald zum aufgelassenen Steinbruch. Oberhalb der zerklüfteten **Steinbruchlandschaft** beginnt ein schmaler Pfad, der sich zwischen den Felsblöcken der »**Hexenküche**« zur Klippenreihe des Kanstein emporwindet. Spektaku-

Von der Klippe des Eckturms genießt man einen herrlichen Blick über das Saaletal zum lang gestreckten Ithkamm.

lär wirkt der Felsbalkon des Westlichen Eckturms, der wie eine natürliche Aussichtskanzel aus dem Wald vorspringt. Noch umfassender ist das Panorama wenig später auf dem **Lönsturm**. Vor dem Turm lädt ein nett hergerichteter Rastplatz zum Verweilen ein.

Der nächste Streckenabschnitt verläuft vom Aussichtsturm auf *Nr. 4* am **Fernmeldeturm** vorbei bis zu einer breiten Forststraße. Diese führt links in weit ausholender Spitzkehre hinab Richtung **Ahrenfeld**.

Am Parkplatz tritt man zum Wald hinaus und trifft auf die alte Chaussee nach Salzhemmendorf. Auf ihr geht es schließlich mit schönem Blick ins Saaletal wieder nach Salzhemmendorf zurück.

Von Klippe zu Klippe

Über den 25 km langen, aber nur 2 km breiten Korallenkalkzug des Ith verläuft die spannendste Kammwanderung im Weserbergland. Ein schmaler Grenzpfad zieht am stellenweise gratartig verengten Gebirgsrücken dahin wie auf des »Messers Schneide«. Zahllose Klippen begleiten den Weg. Sie erscheinen in immer neuen, bizarren Formen, stehen wie verzauberte Gestalten im Buchenwald oder lassen als natürliche Aussichtskanzeln weit ins Land schauen. Für Rundkurse ist der lang gestreckte Ith naturgemäß wenig geeignet, außer am nördlichen Zipfel, wo er die Figur einer Spazierstock-Krücke beschreibt. Das Tor zum Ith bildet hier Coppenbrügge, ein verträumter Ort mit den Resten einer historischen Wasserburg, einst beliebtes Quartier durchreisender Exzellenzen (unter anderem Zar Peter der Große). Wer sich auf die klassische, ausgedehnte Kammtour einlässt, darf nicht bummeln, denn am Ziel in Scharfoldendorf verkehrt werk- und sonntags der letzte Bus bereits gegen 16 Uhr 30. Dagegen lässt die Rundwanderung genügend Zeit für alle Facetten dieser einzigartigen Klippenlandschaft.

Ausgangspunkt: Bahnhof Coppenbrügge.
Endpunkt (B): Scharfoldendorf (Post), Rückfahrt Mo – Fr u. So gegen 16 Uhr 30 per Bus nach Hameln, genaue Abfahrtszeit vorher erkunden; in Hameln Zuganschluss nach Coppenbrügge.
Höhenunterschied: 288 m.
Anforderungen: Ausdauer, an der Rohensteinhöhle Trittsicherheit.
Einkehr: A) Lauenstein, B) Holzen – Ith.
Karte: Naturpark Schaumburg-Hameln.

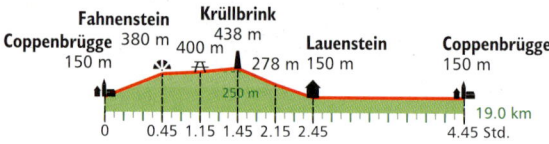

A) Rundwanderung:

Vom Bahnhof Coppenbrügge nimmt man die Straße am Freibad vorbei zum Gasthaus Felsenkeller. Dort beginnt das 240 ha große Naturschutzgebiet **Saubrink-Oberberg** als Teil des Ith-Höhenzuges. Informationstafeln erklären die standorttypische Vegetation und mahnen, immer auf den ausgeschilderten Routen zu bleiben. Bei den liebevoll angelegten Wegen ergibt sich das aber wie von selbst. Als Orientierung dient *XR*.

Erste Station ist die Grillhütte Friedas Ruh, dann leiten kniehohe Markierungspflöcke weiter zum Felskessel der **Teufelsküche** und erklimmen in fast voralpiner Manier geländergesichert die jählings abfallende Aussichtskanzel des **Fahnenstein** (Tiefblick auf Coppenbrügge). Oben wendet sich *XR* westwärts

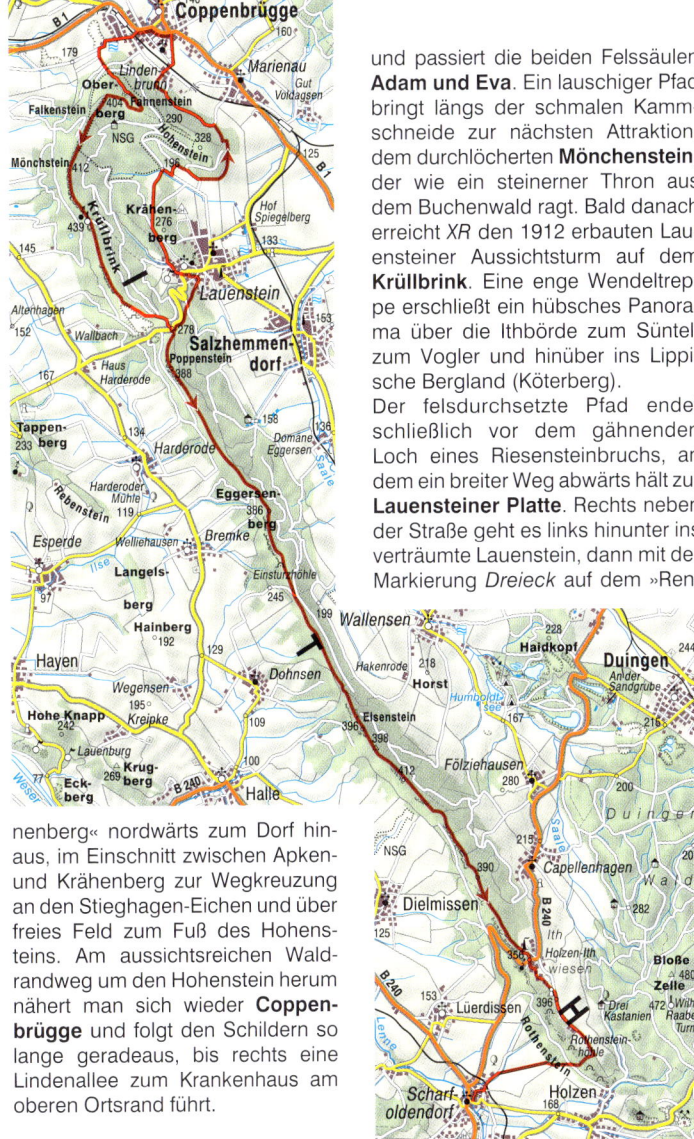

und passiert die beiden Felssäulen **Adam und Eva**. Ein lauschiger Pfad bringt längs der schmalen Kammschneide zur nächsten Attraktion, dem durchlöcherten **Mönchenstein**, der wie ein steinerner Thron aus dem Buchenwald ragt. Bald danach erreicht *XR* den 1912 erbauten Lauensteiner Aussichtsturm auf dem **Krüllbrink**. Eine enge Wendeltreppe erschließt ein hübsches Panorama über die Ithbörde zum Süntel, zum Vogler und hinüber ins Lippische Bergland (Köterberg).

Der felsdurchsetzte Pfad endet schließlich vor dem gähnenden Loch eines Riesensteinbruchs, an dem ein breiter Weg abwärts hält zur **Lauensteiner Platte**. Rechts neben der Straße geht es links hinunter ins verträumte Lauenstein, dann mit der Markierung *Dreieck* auf dem »Renenberg« nordwärts zum Dorf hinaus, im Einschnitt zwischen Apken- und Krähenberg zur Wegkreuzung an den Stieghagen-Eichen und über freies Feld zum Fuß des Hohensteins. Am aussichtsreichen Waldrandweg um den Hohenstein herum nähert man sich wieder **Coppenbrügge** und folgt den Schildern so lange geradeaus, bis rechts eine Lindenallee zum Krankenhaus am oberen Ortsrand führt.

B) Kammwanderung:

Die Route – Markierung *XR* – ist bis zur Lauensteiner Platte identisch mit A. Der nächste Anstieg im Kammverlauf gilt dem **Poppenstein**, wo im Frühjahr ein dichter Bärlauchteppich blüht. Hinter dem Bremker Pass verschmälert sich der Kamm, und bald treten die fantastischen Gestalten der **Bremker Klippen** aus dem Laubwald hervor. Der Pfad bleibt steinig und verwurzelt, die Umgebung wildromantisch. Ernüchternd wirkt nur ein Hochspannungsleitungssattel. Gleich darauf folgt wieder eine angenehme

Oben: Im Innenbogen des Ith duckt sich das Dörfchen Lauenstein.

Rechts: In der Felswildnis der Holzer Klippen liegt die Rothensteinhöhle.

Überraschung, nämlich der als Aussichtskanzel gesicherte Felskopf **Hammerslust** in den Dohnser Klippen. Ein weiterer Kammeinschnitt heißt Dielmisser Pass, ihm folgen im Gegenanstieg die **Dielmisser Klippen** sowie die mächtige Reihe der **Lüerdisser Klippen**. Hier erreichen die Felsformationen des Ith ihre größten Ausmaße. Leider lassen sich viele Kalktürme wie z.B. der bekannte Kamelkopf am Kammweg gar nicht recht würdigen, sie kommen erst von unten voll zur Geltung.

Nach den Lüerdisser Klippen quert der Kammweg die Passstraße Capellenhagen, berührt die Höhensiedlung Holzen (Flugzeugrestaurant), verschwindet am Rand der Ithwiesen (Segelfluggelände) wieder im Wald und stößt – am *X 28* links – im Bereich der Holzer Klippen inmitten einer herrlichen Felsszenerie auf die **Rothensteinhöhle** (im Winterhalbjahr geschlossen). Die bedeutendste Höhle des Weserberglandes war archäologischen Funden zufolge bereits eine bronzezeitliche Kultstätte. Mit einer Taschenlampe und etwas Entdeckerlust (Kriechgänge) ist die Erkundung des 60 m langen Ganges kein Problem. Auf der dürftigen Markierung *X 28* gelangt man schließlich westwärts hinab zur Post in **Scharfoldendorf** (Bushaltestelle).

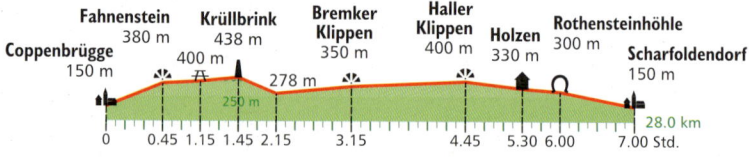

Lippisches Bergland und das Gebiet westlich der Weser

Lippe – das steht für die wechselvolle Geschichte des Landstriches zwischen Weser und Teutoburger Wald. Fast 800 Jahre hat Lippe als souveränes Staatsgebilde existiert. Es begann 1167 mit der Herrschaft Lippe unter Bernhard II., der von Lippstadt aus seinen Machtbereich bis zur Weser auszudehnen suchte. Sein Nachfolger, Bernhard III., nannte sich bereits »Edler Herr zu Lippe«, er gründete die lippischen Städte Horn, Blomberg und auch die spätere Residenzstadt Detmold. Unter der Regentschaft Simon I. wurde Lippe zur Grafschaft. Nach den verheerenden Folgen des Dreißigjährigen Krieges und der Misswirtschaft des »Lippischen Sonnenkönigs« Graf Friedrich Adolf kam Simon August als aufgeklärter Staatsvater zur Macht. Leopold I. wandelte schließlich 1789 die Grafschaft zum Fürstentum Lippe. Nach dem Tod des Fürsten lenkte seine Witwe Pauline die Geschicke des Landes, und ihrer Klugheit ist es zuzuschreiben, dass Lippe selbst unter Napoleon seine Eigenständigkeit behaupten konnte. Not und Elend brachen Mitte des 19. Jahrhunderts herein, als die wichtige Leinenmanufaktur und die Flachsspinnerei durch den mechanischen Webstuhl verdrängt wurden. Mit dem Thronverzicht Leopold IV. endete im Revolutionsjahr 1919 das Fürstentum. Der Freistaat Lippe überdauerte dann noch von 1919 bis 1933 und von 1945 bis 1947, dann ging er als »dritter Landesteil« im Bundesland Nordrhein-Westfalen auf.

Geografisch betrachtet füllt das Lippische Bergland zusammen mit dem Corveyer und dem Pyrmonter Land den Raum westlich der Weser bis zur Grenzlinie von Teutoburger Wald und Eggekamm. Seine typische Bruchschollenlandschaft zeigt ein sehr bewegtes Relief, das im knapp 500 m hohen Köterberg einen herausragenden Einzelberg aufweist. In der Kleinstruktur bietet sich ein buntes Mosaik. Wiesentäler wechseln mit bewaldeten Anhöhen, Dörfer und schmucke Fachwerkstädte beleben das Bild und dazwischen streben zahlreiche kleine Flussläufe der Weser entgegen. Dieses quellenreiche Gebiet im östlichen Zipfel Westfalens wird gern als »Heilgarten Deutschlands« bezeichnet. In Bad Oeynhausen z.B. schießt dreimal wöchentlich der Jordansprudel empor, die stärkste kohlensäurehaltige Thermalsolquelle der Welt. Bad Pyrmont mit dem größten Kurpark Deutschlands war im 18. und 19. Jahrhundert das »Modebad des Hochadels«. Bad Salzuflen verdankt seinen frühen Wohlstand dem »weißen Gold«. Schon 2000 v.Chr. soll hier Kochsalz gewonnen worden sein, und im 16. Jahrhundert besaß die Saline in Bad Salzuflen das Lippische Salzhandelsmonopol.

Sehenswert sind die mittelalterlich geprägten Städte des Lipperlandes. Die alte Hansestadt Lemgo mit ihren Prachtfassaden lässt im Hexenbürgermeisterhaus (Museum) die Zeit der Hexenverfolgung wieder lebendig werden; im Fachwerkkleinod Schwalenberg, dem »Lippischen Rothenburg«, glaubt man sich weit in die Vergangenheit zurückversetzt, und das im historischen Kern

Von der Ottensteiner Hochfläche geht der Blick weit über das Emmertal.

erhaltene Lügde lädt alljährlich zum archaischen Osterräderlauf ein. Prächtige Fassaden bieten weiterhin Blomberg und Barntrup, die Schiffergildenstadt Vlotho sowie die Weserstadt Höxter. Vielerorts gibt es die filigrane Architektur der Weserrenaissance zu bewundern. Imposantestes Bauwerk aus dieser Epoche ist die Hämelschenburg im Emmertal. Typisch für diesen Baustil sind darüber hinaus Schloss Schwöbber, Schloss Hehlen und Schloss Brake mit dem Weserrenaissancemuseum.

Erinnerungen an eine mittelalterliche Glanzzeit bietet das ehemalige Kloster Corvey bei Höxter, das unter Ludwig dem Frommen 822 als eine »Bastion gegen das Heidentum« im Sachsenland gegründet wurde. Ausgestattet mit kaiserlicher Immunität, der freien Abtwahl sowie dem Markt- und Münzrecht wurde Corvey zum geistlichen und kulturellen Zentrum der Region. Nach der Säkularisierung im 18. Jahrhundert begann der Umbau zum Schloss, in das 1820 der hessische Landgraf mit riesiger Bibliothek einzog. Heute ist Corvey (geöffnet April bis Oktober) eine kulturelle Sehenswürdigkeit ersten Ranges.

Beliebte natur- und kulturnahe Ausflugsziele im Lipper- und Pyrmonter Land sind die Emmertalsperre bei Schieder, das Weserfreizeitzentrum bei Varenholz, die Musikburg Sternberg mit ihrer einzigartigen Instrumentensammlung, das Wald- und Forstmuseum bei Heidelbeck, die Windmühlen des Kalletals und natürlich der von überall sichtbare Köterberg, die aussichtsreichste Erhebung im gesamten Weserraum. Eisenbahnfreunde werden sich für die Museumsbahn im Extertal interessieren; und vielleicht auch für die dortigen Draisinenfahrten zwischen Rinteln und Alverdissen.

Im Naturschutzgebiet Ziegenberg

Höxter *ist die einzige westfälische Stadt an der Oberweser. Der Ort hat seinen Ursprung im karolingischen Huxori, einer Ansiedlung am Schnittpunkt wichtiger Handelsstraßen. Im 13. Jahrhundert erlebte Höxter seine Blüte im Bund der Hanse. Der Dreißigjährige Krieg brachte den Niedergang der Stadt, die erst im 19. Jahrhundert als preußisches Verwaltungszentrum wieder an Bedeutung gewann. Touristisch steht Höxter zwar im Schatten des nahen Klosters Corvey, dennoch lohnt ein Besuch der Altstadt mit den vielen Fachwerkhäusern und dem historischen Rathaus von 1610. Hausberg der Stadt ist der fast senkrecht über dem Weserufer aufragende Ziegenberg. Sein imposanter, felsdurchsetzter Steilhang steht wegen der seltenen Trockenvegetation unter strengem Naturschutz. Gut angelegte Wege lassen dieses landschaftliche Kleinod aus unterschiedlicher Perspektive erleben.*

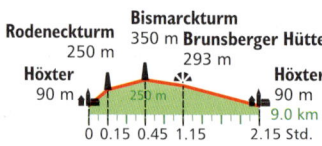

Ausgangspunkt: Höxter, Parkplatz Felsenkeller am südlichen Stadtrand.
Höhenunterschied: 263 m.

Anforderungen: Einfache Wanderung.
Einkehr: Keine.
Karte: Naturpark Solling – Vogler.

Blick vom Bismarckturm bei Höxter ostwärts gegen den Solling.

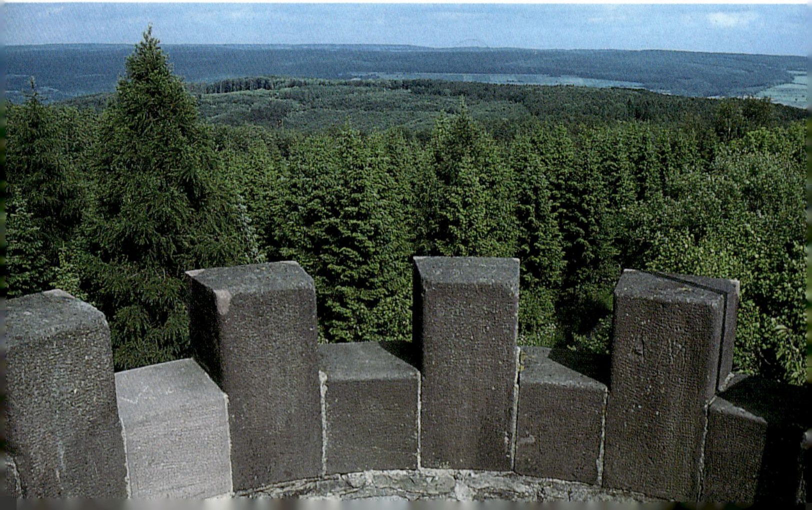

Blick über die Weser zum Brunsberg-Ziegenberg-Kamm.

Die Tour beginnt oberhalb des **Parkplatzes Felsenkeller** in der ersten Seitenstraße gleich mit einem kräftigen Anstieg zur Jugendherberge (*X 16*). Anschließend nimmt im Wald die Geländeneigung gar noch zu, bis man endlich vor dem **Rodeneckturm** steht. Der im Stil des Historismus errichtete Aussichtsturm stammt aus dem Jahre 1888 und bietet dem Besucher einen bezaubernden Blick auf die Weserschleife samt Höxter, Kloster Corvey und Holzminden. Im weiteren Verlauf schraubt sich *X 16* zur Höhe des Ziegenberges und folgt dem Kammverlauf zwischen dem aussichtsreichen Steilrand und den verstürzten Spalten der sogenannten **Sachsengräben**. Später stößt die Wanderroute auf ein Sträßchen. Am Waldrand hält man rechts und gelangt zwischen Feldern empor zum **Krekeler Berg**. Oben erwartet den Besucher eine nette Überraschung, ein Türmchen wie aus dem Dornröschenmärchen, errichtet um 1900 zu Ehren Bismarcks.

Zurück am Asphaltsträßchen geht es rechts zur großen Freizeitanlage Brunsberger Hütte (Weserblick). Nur wenig entfernt liegen die Wälle der ehemaligen **Brunsburg**, einer vermutlich schon vorgermanischen Festung. 775 erzwang hier Karl der Große gegen die Sachsen den Weserübergang. Vor der Informationstafel biegt man links in den Hangweg ein, gelangt um zahlreiche Felsnasen herum ins Schleifental, nimmt an der Verzweigung die obere Variante und bummelt unterhalb des Naturschutzgebietes auf einem botanischen Lehrpfad talwärts bis zu den obersten Häusern von **Höxter**. Das erste Seitensträßchen bringt links zum Parkplatz Felsenkeller.

Von Burg Polle zur steinernen »Zigarre«

Es lässt sich schwerlich eine romantischere Stelle im Weserverlauf finden als die Steilfelsen der Steinmühle an der B 86, ein typischer Prallhang, den der Fluss nach und nach aus der Ottensteiner Hochfläche herausgeschnitten hat. An dem geheimnisvollen Ort vor den waldüberwucherten Kalkwänden stand, wie urkundlich erwähnt, schon 1266 eine Mühle. Ihr Wasser stammte aus einer bis heute nicht versiegten Karstquelle, die einer Sage zufolge des Teufels Speer geschlagen haben soll. Hauptattraktion der Steinmühle ist das Senator-Meyer-Denkmal hoch in den Kalkfelsen, im Volksmund auch »Zigarre« genannt. Wie aus einem Adlerhorst schaut man hinab auf die Weserschleife und das Dorf Dölme mit den zerklüfteten Voglerbergen im Hintergrund.

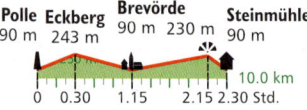

Ausgangsort: Polle (Parkplatz vor der Burg).
Endpunkt: Steinmühle, täglich gegen 17 Uhr 30 letzte Busverbindung nach Polle. Genaue Abfahrtszeit vorher erkunden.

Höhenunterschied: 293 m.
Anforderungen: Orientierungsvermögen, Trittsicherheit beim Abstieg zur Steinmühle.
Einkehr: Brevörde, Steinmühle.
Karte: Naturpark Solling – Vogler.

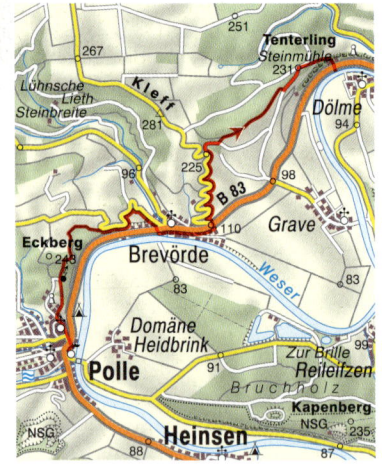

Weil das Gelände keinen Rundkurs zulässt, unternimmt man am besten eine Streckenwanderung ab **Polle**. Am Anfang steht dort die Besichtigung der **Ruine Everstein**, der schönsten Burg an der Weser. Die Anlage wurde um 1200 erbaut, 1641 durch Schwedische Truppen zerstört und erst 1984 umfassend restauriert.

Nach der Rundsicht vom 12 m hohen Bergfried geht es die Burgstraße empor, dann auf der *Nr. 6* über den bewaldeten **Eckberg** und im idyllischen Glessetal hinab nach **Brevörde**. Im Dorf hält man sich an der Hauptstraße links, nimmt die Abkürzung über den Friedhof und folgt links der kehrenreichen Straße

Weserfähre bei Polle, überragt von der Ruine Everstein.

Richtung Ottenstein. Eine Lindenallee und ständig wechselnde Weserbilder verhindern, dass Asphalt-Monotonie aufkommen kann.

An der siebten Kehre zweigt rechts ein Forstweg ab (Grillhütte). Später biegt die Route links in eine Feldgasse ein und hält am Waldrand des aussichtsreichen **Tenterling** immer geradeaus. Wo der Hangweg eine Links-kurve beschreibt, leitet eine Fußspur rechts durch Unterholz und trifft hinter einem Feld unvermittelt auf den beschilderten Pfad zum **Senator-Meyer-Denkmal**. Vom steinernen Obelisk geht es wieder ein Stück zurück, bis der teilweise verfallene Steig durch einen grandiosen Felskessel zum Gasthaus **Steinmühle** beginnt. Wer diese spektakuläre, durch umgestürzte Bäume erschwerte Schlussetappe scheut, folgt vom Denkmal dem bequemen Grafweg ostwärts ins Seitentälchen (Parkplatz) und erreicht Steinmühle rechts neben der B 86.

Auf den Spuren des Lügenbarons Münchhausen

Bodenwerder, das im 10. Jahrhundert als Besiedlung einer ehemaligen Weserinsel entstand, ist heute untrennbar mit dem Namen Münchhausen verbunden. Karl Friedrich Hieronimus Freiherr von Münchhausen wurde hier 1720 geboren und zog sich 1744, nach seiner Beförderung zum Rittmeister im Russisch-Türkischen Krieg, auf das väterliche Gut zurück. In seinem Gartenpavillon pflegte er unter Freunden seine fantasievoll ausgeschmückten Abenteuer zum Besten zu geben. Aufgeschrieben hat diese Geschichten wie den »Ritt auf der Kanonenkugel« allerdings nicht der Lügenbaron selbst, sondern der nach England geflohene Bibliothekar Rudolf Raspe. Den Siegeszug durch die Fabelliteratur begannen diese Erzählungen aber erst nach ihrer Rückübersetzung ins Deutsche 1798. Der Freiherr erlebte das nicht mehr, er starb 1797. In der Klosterkirche im Nachbarort Kemnade liegt er begraben. Bodenwerder ehrt seinen berühmten Sohn allsommerlich durch die Münchhausenspiele an jedem ersten Sonntag im Monat. Auf der nachfolgenden Wanderung kommt man mit mehreren Stationen seines Lebens in Berührung.

Ausgangspunkt: Bodenwerder, Parkplätze am Münchhausenplatz.
Höhenunterschied: 150 m.
Anforderungen: Wechselnde Markierungen.
Einkehr: Hehlen.
Karte: Naturpark Hameln – Schaumburg.

Vom **Halbes-Pferd-Brunnen** am Münchhausenplatz geht es westwärts über die B 83 und vor dem Münchhausen-Pavillon links in den Waldpark »Grüne Schleite«.
Nächste Station sind die **Vier Linden**, 1763 von Münchhausens eigener Hand gepflanzt. Ein lauschiger Pfad bringt weiter im Wersteilhang zum Aussichtspunkt **Krähenhütte**. Bald darauf folgt ein zweiter Rastplatz, ebenfalls mit Weserblick. Anschließend windet sich der Steig rechts empor zur Kammhöhe, wo man links haltend die sogenannte **Lutterburg** erreicht. An dieser exponierten Kanzel erfährt die Weserschau ihre Krönung.

Der »Halbes-Pferd-Brunnen« in Bodenwerder erinnert an eine Fabel des »Lügenbarons« Münchhausen. Danach verlor er im Türkenkrieg die hintere Hälftes seines Pferdes, bemerkte dies aber erst, als das Tier ganz unmäßig soff, wobei das Wasser hinten wieder herauslief. Die freilaufende zweite Hälfte ließ der Baron später von einem Hufschmied kurzerhand wieder ans Vorderteil anfügen.

Hinter der Schutzhütte verläuft rechts ein breiter Forstweg abwärts zur Autostraße. Längs der Straße muss man etwa hundert Meter zurück, dann links zwischen den Feldern gegen den markant aufgewölbten **Schiffberg** empor und ostseitig zu einer malerisch am Waldrand gelegenen Sitzgruppe. Nächste Station ist **Hehlen**, das dominiert wird vom gleichnamigen Schloss. Die Markierung *XW* verläuft jetzt durch die Weserauen bis **Kemnade**. Das Münchhausengrab in den Gewölben unter der ehemaligen Klosterkirche ist leider nicht mehr zugänglich, dafür entschädigt aber der abschließende Weg durch die Altstadt von Bodenwerder zurück zum Münchhausenplatz. Es ist auch möglich, in Hehlen die Fähre zu nehmen und die Wanderung am lauschigen Ostufer der Weser zu beenden. Das kostet gut 2 km mehr.

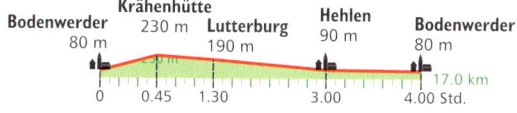

Auf den Hamelner Hausberg

Markant überragt der kulissenartig vorspringende Klüt das Wesertal bei Hameln. Er ist der Hausberg der Stadt und wird dank Aussichtsturm und Bergwirtschaft zu allen Jahreszeiten gern aufgesucht. In früheren Zeiten diente der steil abfallende Gebirgsrücken militärischen Zwecken. 1774 ließ Georg III., seines Zeichens König von England und Hannover, auf dem Klüt drei starke Forts errichten. Sie sollten aus Hameln das uneinnehmbare Gibraltar des Nordens machen. Genützt hat es nichts; 1806 musste Hameln vor den Truppen Napoleons kapitulieren.

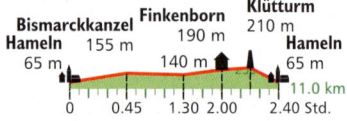

Ausgangspunkt: Parkplätze am Brückenkopf am Weser in Hameln.
Höhenunterschied: 160 m.
Anforderungen: Einfache Wanderung.
Einkehr: Forsthaus Finkenborn, Klüt.
Karte: Naturpark Schaumburg – Hameln.

Die Wanderung zum Klüt führt aus dem Stadtzentrum bzw. von den Parkplätzen am **Brückenhof** mit den Zeichen *X* und *R* zunächst in die Klütstraße. Dort biegt man in den Finkenborner Weg ein und bleibt, wenn *X* links abgeht, mit *R* weiterhin geradeaus. Später zweigt *R* auf einen schmalen Waldpfad. Der quert einen munter plätschernden Bach, verläuft eine Weile am Hang entlang und wendet sich oberhalb des Schützenhauses schräg links steil empor zur markanten Geländekante der sog. **Bismarckkanzel.** Alter Eichenbestand erfreut hier das Auge. Ein kurzes Stück bleibt *R* jetzt links neben einer Straße, bis am Wendeplatz rechts ein breiter Forstweg ostwärts zieht.

Dichter Fichtenwald bedeckt die Hochfläche. An einer beschrankten Wegekreuzung, wo rechts unterhalb ein Bach murmelt, wendet man sich – ohne Markierung – nach links und hält immer geradeaus, bis sich der Wald zur

Siedlung **Bannensiek** öffnet. Am Rande der Siedlung wählt man den ersten Waldweg links und stößt in langer Steigung schließlich auf den mit *X* markierten Querweg. Links trifft *X* bald auf ein Asphaltsträßchen, dem es als Parallelweg im Wald folgt. Unterwegs stößt man auf Hügelgräber aus der Bronzezeit (1600–800 v. Chr.).

Der Klütturm ist zu allen Jahreszeiten ein beliebtes Ausflugsziel.

Nächstes Etappenziel ist das **Forsthaus Finkenborn** (Restaurant, Wald-spielplatz). Rechts der Straße windet sich der Wanderweg weiter zum **Klüt** mit dem 1843 errichteten steinernen Aussichtsturm. Er ist zugänglich, wenn der nebenstehende Kiosk geöffnet hat (April bis Oktober). Ausblicke in den Talkessel von Hameln gibt es aber auch von der Terrasse unterhalb des Bergrestaurants. Unterhalb des Turmes befindet sich ein ehemaliger Brun-nen der Festung (138 m tief).

Steil, aber kurz (1 km) ist der Abstieg auf X zurück nach Hameln. Anfangs als Zickzackpfad zum **Oberförster Heise Gedenkstein**, dann entlang einer schönen Platanenallee gelangt man schließlich über die Redenallee zurück zum Parkplatz am Brückenkopf.

Rattenfängerstadt und Renaissanceschloss

Die Rattenfängerstadt Hameln gehört zu den berühmtesten Orten im Weserbergland. Ihre Geschichte geht auf einen frühmittelalterlichen Marktflecken am Weserübergang wichtiger Handelsstraßen zurück. Von 1426–1571 gehörte Hameln zur Hanse. Den größten Aufschwung erlebte die Stadt im 16. Jh. Aus dieser Zeit stammen die prächtigen Bauten der Weserrenaissance, die das Stadtbild bis heute prägen. In der malerischen Altstadt wird vor dem 1610 erbauten Hochzeitshaus an jedem Sommersonntag die berühmte Rattenfängersage nachgespielt. Das bekannteste Wanderziel Hamelns ist die »Hämelschenburg«, die Krone der Weserrenaissance.

Ausgangspunkt: Hameln, alte Weserbrücke.
Endpunkt: Kirchohsen (Bus und Bahn nach Hameln).
Höhenunterschied: 155 m.
Anforderungen: Einfache Wanderung.
Einkehr: Ohr, Hämelschenburg.
Karte: Naturpark Schaumburg – Hameln.

Die Tour beginnt direkt im Stadtkern an der alten **Weserbrücke**, wo früher die Schiffsfrachten umgeladen und den Hamelner Kaufleuten zu Vorzugspreisen angeboten werden mussten (Stapelrecht). Hier nimmt *X 18* seinen Ausgang, der dem linken Weserufer südwärts folgt bis zur Einmündung der Humme. Für eine Weile bleibt man neben der idyllischen Humme, dann beginnt der Anstieg in der Siedlung »Am Ohrberg« hinauf zur hübschen

Die Osterstraße im Zentrum ist die Flaniermeile Hamelns.

Bergkuppe. Ein schönerer Rastplatz als das Naturschutzgebiet **Ohrberg** lässt sich schwerlich finden. Von den Ruhebänken unter zum Teil exotischen Bäumen schweift der Blick zurück auf Hameln, Berkel und den Klüthauskamm. Besonders reizvoll ist es hier zur Rhododendronblüte.

X 18 senkt sich anschließend abwärts ins Dörfchen **Ohr** und tritt später hinaus in freie Feldflur. Schattig wird es erst wieder am gegenüberliegenden Waldrand. In einem Feldeinschnitt geht es zu einem Quellbach und weiter über eine Anhöhe (Schmale Haube) hinweg nach **Hämelschenburg** im Tal der Emmer. Mitten im Ort liegt das gleichnamige Wasserschloss, ein Juwel aus Stein und Holz. Kein anderes Schloss des Weserberglandes ist so aufwendig von oben bis unten verziert wie diese 1558 begonnene Dreiflügelanlage mit ihren charakteristischen, achteckigen Treppentürmen. Führungen finden im Sommerhalbjahr von 10–18 Uhr statt.

In Hämelschenburg wechselt man auf *X 8* (Emmertalweg) und wandert zwischen Feldern ostwärts nach **Kirchohsen**. Dort gibt es mehrfach täglich Bus- und Bahnanschluss nach Hameln.

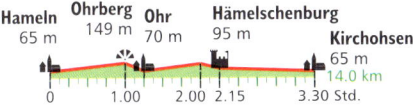

Auf dem »Brocken des Weserberglandes«

Der von überall her sichtbare Köterberg bildet die bedeutendste Erhebung im Weserbergland – ein mächtiger Klotz, der sein Umland ebenso beherrscht wie der Brocken den Harz. Geologen erklären diese herausragende Stellung mit dem harten Rätsandstein, der quasi als Schutzkappe das gesamte Bergplateau bedeckt. Eine zusätzliche Akzentuierung erfährt der unbewaldete Gipfel durch den 80 m hohen Telefonfunkturm. In grauer Vorzeit verkörperte die landschaftlich hervorstechende Kuppe ein germanisches Heiligtum, heute ist ein stark frequentiertes Ausflugsziel daraus geworden. Reisebusse und Motorräder vor dem Berggasthaus gehören an jedem solch schönen Wochenende zum vertrauten

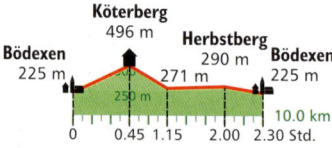

Bild. Der aussichtsreichste Berg im Weserraum erschließt einen gewaltigen Rundblick, der vom Harz bis ins Sauerland reicht. An einem solch exponierten Punkt laufen natürlich aus allen Himmelsrichtungen die Wanderwege zusammen.

Ausgangspunkt: Bödexen.
Höhenunterschied: 190 m.
Anforderungen: Einfache Wanderung,

häufige Markierungswechsel.
Einkehr: Gasthaus Köterberg.
Karte: Eggegebirge, Oberwälder Land.

Wer die Anmarschlänge beschränken möchte, der startet südlich des Mittelgebirgsriesen, in **Bödexen**. Dabei lernt man das Ziel von zwei Seiten kennen und vermeidet außerdem die laute Köterbergstraße.

Die Markierung *K* (Köterbergweg) leitet vor der Kirche links zum Dorf hinaus. Hinter der letzten Häusergruppe mündet die Straße in einen Feldweg, der wenig später bei einer Schutzhütte in den Wald eintaucht. Zwei Links-

Rechts-Abbiegungen bringen über eine Anhöhe hinweg, dann lichtet sich der Wald und gibt den Blick frei zum mächtig aufgewölbten **Köterberg**. Der eigentliche Gipfelanstieg erfolgt in der gut sichtbaren Schneise, die geradewegs zum Berggasthaus zieht. Oben erklären zwei sorgfältig gearbeitete Informationstafeln den ganzen Reichtum der Panoramaschau. Sie nennen Zielpunkte, Entfernungen und die Namen der über 60 Städte, Dörfer und Ansiedlungen. Absteigend verlässt *X 18* den Berg ostwärts über einen herrlichen Wiesenhang, auf dem sich in schneereichen Wintern ein Skilift dreht. Anschließend verschwindet der Weg in dichtem Buchenwald und führt leicht fallend am Strohberg entlang zur Försterei **Bröken**. Später, in der urwaldartigen Umgebung des Herbstberges, stößt man unter knorrigen Buchen auf drei germanische **Hügelgräber**. Von hier bringt *A 3* zum Ausgangspunkt zurück.

Die Kuppe des Köterberges ist der beste Aussichtspunkt im Weserbergland, mit Blick vom Sauerland bis zum Harz.

Bismarck-, Schellenberg- und Spelunkenturm

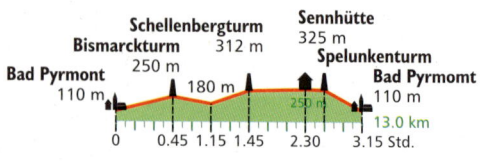

Das niedersächsische Staatsbad Pyrmont liegt malerisch eingebettet im schützenden Talkessel der Emmer. Um die Heilwirkung der dortigen Eisen- und Kohlensäure-quellen wussten vermutlich schon die Germanen, aber erst im 17. Jahrhundert begann die Entwicklung zum feudalen Kurbetrieb der Fürsten, Dichter und Denker. Herder und Humboldt, Goethe und Leibniz, Zar Peter der Große und der Alte Fritz zählten zu den erlauchten Gästen. Einzigartig ist der Palmengarten im Kurpark. Das milde Klima lässt hier eine Reihe exotischer Pflanzen gedeihen. Ein kleines Naturwunder stellt die sogenannte Dunsthöhle am Helvetiushügel dar, eine Grotte, in der ausströmendes Kohlendioxid seltsame Erscheinungen hervorruft. Für den Wanderer sind vor allem die drei Aussichtstürme interessant, die von den bewaldeten Höhenzügen um Bad Pyrmont hinabschauen.

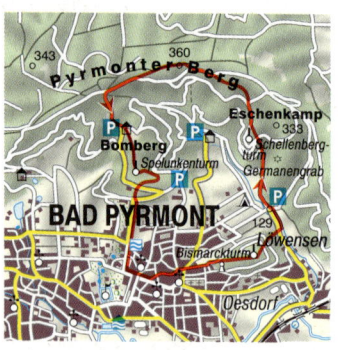

Ausgangspunkt: Bad Pyrmont, Kurpark.
Höhenunterschied: 285 m.
Anforderungen: Häufiger Markierungswechsel.
Einkehr: Gasthaus Sennhütte.
Karte: Naturpark Schaumburg – Hameln.

Ausgangspunkt für eine Drei-Türme-Rundtour ist der »**Hyllige Born**« vor dem Kurpark. Die Germanen wähnten an diesem uralten Heiligtum den Sitz ihrer Ahnen. Das lässt sich aus 2000 Jahre alten Quellopferfunden schließen!

Spärliche Markierungen (*P 12*) bringen ostwärts durch das Stadtzentrum zum isoliert aufragenden Königsberg. Vorbei am Gedenkstein Friedrichs des Großen erklimmt ein Waldweg die Höhe der Kuppe mit dem steinernen **Bismarckturm**. Absteigend verläuft *P 11* ins **Hessenbachtal** und stößt links haltend am Waldrand auf den beschilderten Weg zum Schellenberg. 1183 ließ der Kölner Erzbischof dort

Teichlandschaft bei Bad Pyrmont.

In dem im Barock umgestalteten einstigen Renaissanceschloss nahe der Pyrmonter Heilquellen ist heute ein Museum untergebracht.

eine Burg errichten, die er »Petri Mons« (Berg des Petrus) nannte, die Keimzelle des späteren Pyrmont. Die Anlage verfiel schon im 14. Jahrhundert. Auf den noch gut sichtbaren Mauerresten entstand 1823 der **Schellenbergturm**. Seine niedrige Plattform erlaubt leider nur einen schmalen Ausblick auf das von hässlichen Betonklötzen dominierte Pyrmont.

X 6 leitet jetzt vollends zum Kamm des Pyrmonter Berges. Kurz vor der Scheitelhöhe nimmt man links das Forststräßchen und gelangt so zu einem großen Wegedreieck. Hinweistafeln zeigen links zum Gasthaus Sennhütte und zum **Spelunkenturm** auf dem Bomberg. Die 27 m hohe Eisenkonstruktion ragt souverän aus dem Buchenwald und lässt ungehindert über das Pyrmonter Becken, das Emmertal und die Ottensteiner Hochfläche schauen. Besonders auffällig ist die schnurgerade nach Bad Pyrmont hinabziehende Allee. In diese Allee mündet nach anfänglich steilem Abstieg die Route *X 6* ein.

Durch den **Kurpark** schlendert man abschließend zurück zum »Hylligen Born«.

Die Feuerräder am Osterberg

Zu den kulturellen Sehenswürdigkeiten des Lipperlandes gehört Lügde, die Stadt der Osterräder. Der historische Ortskern mit den typischen Ackerbürgerhäusern und den vollständig erhaltenen Befestigungstürmen von 1250 konnte trotz mancher Modernisierungen seinen ursprünglichen Charakter bewahren. Bekannt ist Lügde aber vor allem durch einen alten westfälischen Brauch, den Osterräderlauf. In der Nacht zum Ostersonntag rollen vom Osterberg westlich über der Stadt sechs mannshohe Feuerräder ins Emmertal, ein großes Spektakel, das alljährlich zahlreiche Besucher anlockt. Auf den Spuren dieses Osterräderlaufes lässt sich auch die abwechslungsreiche, klein gegliederte Umgebung erwandern, die geprägt wird von Hochflächen, Taleinschnitten und Quellbächen.

Ausgangspunkt: Lügde, Ortszentrum.
Höhenunterschied: 325 m.
Anforderungen: Orientierungsvermögen.

Einkehr: Gasthaus Kempenhof, Gasthaus Hermannstal.
Karte: Lipper Land.

Geschlossenes Gesamtbild: Lügde im Tal der Emmer.

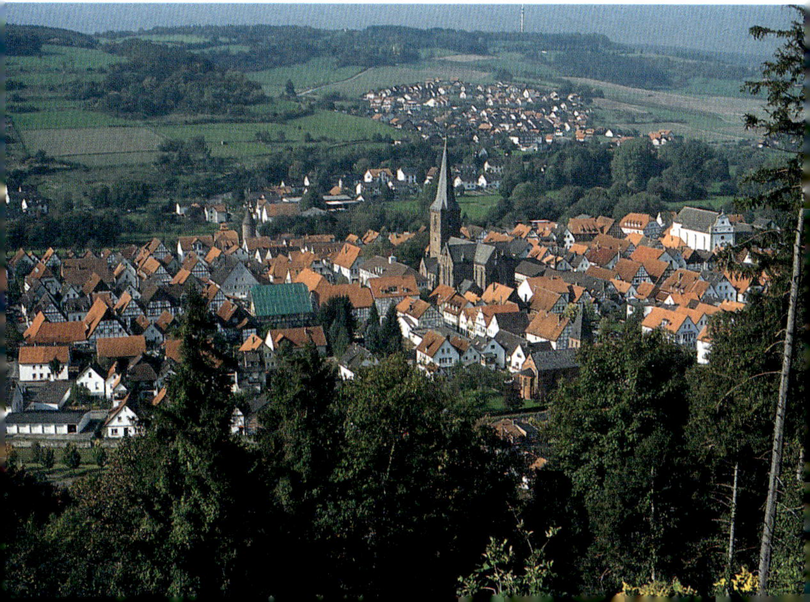

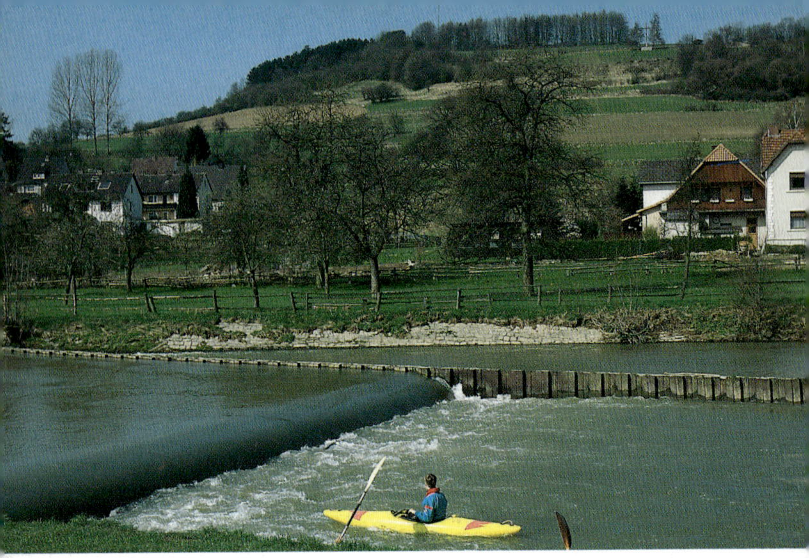

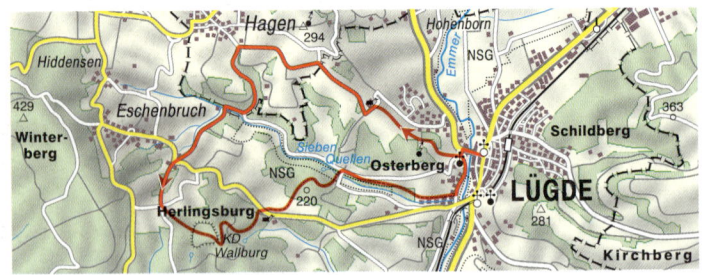

»Wildwasser« auf der Emmer.

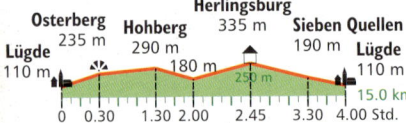

Osterberg
235 m
Hohberg
290 m
Herlingsburg
335 m
Sieben Quellen
190 m
Lügde
110 m
180 m
250 m
Lügde
110 m
15.0 km
0
0.30
1.30
2.00
2.45
3.30
4.00 Std.

Vom Zentrum geht es am Brückentorturm westwärts zur Stadt hinaus, über die Emmer hinweg und bei der Straßenverzweigung links der Schrebergärten durch einen Hohlweg und anschließende Wiesenhänge weglos über drei Geländestufen empor zum weithin sichtbaren Kreuz auf dem **Osterberg**. Schön fällt der Blick hinab auf Lügde. Rechts wandert man am aussichtsreichen Nordhang des Osterberges entlang, wechselt beim Gasthaus Kempenhof (Golfplatz) links

Hagen
294
Hohenborn
Emmer
NSG
Hiddensen
429
Winter-
berg
Eschenbruch
Sieben
Quellen
Osterberg
NSG
220
Herlingsburg
KD
Wallburg
Schildberg
363
LÜGDE
281
NSG
Kirchberg

auf das *Karo* und überquert die Hochfläche des Hambergs zum Ortsrand von Hagen. Dort erklärt eine große Wegtafel den weiteren Routenverlauf.

P 21 leitet auf engem Waldsträßchen hinunter ins kühle Meintal. Vom tiefsten Punkt der Tour, der ehemaligen **Kixmühle**, bringt *P 21* im Seitentälchen links aufwärts zur Siedlung Trift und erreicht zusammen mit *X 6* in steilem Anstieg das buchenbedeckte Plateau der **Herlingsburg**. Die germanische Höhenburg aus dem 3. Jahrhundert v. Chr. – der Überlieferung nach Sitz des Cheruskers Armin – wurde um 800 n. Chr. als sächsische Stammburg wiederbefestigt. Vom Rand der Wallanlagen öffnet sich an der kleinen Schutzhütte »Drei-Gau-Eck« (Grenzstein) ein hübscher Tiefblick zum Emmerstausee.

In langer Gefällstrecke zieht *X 6* zum Gasthaus Hermannstal, überquert die Straße und senkt sich hinab in den Einschnitt des Eschenbaches. Dort trifft man auf die »**Sieben Quellen**«. Sieben nebeneinander liegende Wasserläufe treten hier aus einer Gesteinsschicht hervor – ein nettes Plätzchen, besonders für Kinder.

Das letzte Wegstück ist das attraktivste, es führt als lauschiger Pfad parallel zum munter plätschernden, naturbelassenen Eschenbach nach **Lügde** zurück.

Stadtmauer in Lügde.

Burg und Stadtwasser

Das 1231 gegründete Schwalenberg liegt wie ein Schmuckkästchen im grünen Schoß des Lippischen Berglandes. In der historischen Altstadt glaubt man sich in die Vergangenheit zurückversetzt. Stattliche Ackerbürgerhäuser mit hohen Eingangstoren, enge, verwinkelte Gassen und prächtige Fachwerkfassaden prägen das Bild. Den Glanzpunkt bildet das um 1580 errichtete Rathaus am Markt, schlicht wirkt dagegen die Pfarrkirche von 1307. Hoch über dem Ort thront Burg Schwalenberg, die ehemalige Residenz von Graf Volkwin III. Der noch erhaltene Flügel aus dem 17. Jahrhundert wurde um 1911 erneuert und beherbergt heute ein nobles Schlossrestaurant.

Ausgangspunkt: Schwalenberg, Volkwinbrunnen.
Höhenunterschied: 132 m.
Anforderungen: Einfache Wanderung.
Einkehr: Restaurant Burg Schwalenberg.
Hinweis: 3,5 km (Nr. 2) und 5,5 km (Nr. 1/4/3).
Karte: Lipper Land.

Alle Wanderungen rund um Stadt und Burg Schwalenberg beginnen am **Volkwinbrunnen**, der Endstation des sagenumwobenen **Stadtwassers**. Lange Zeit war die Wasserversorgung Schwalenbergs ein Problem. Zwar gab es am gegenüberliegenden Mörth ein klare Quelle, aber niemand verstand es, das kostbare Gut durch das trennende Tal in die Stadt zu schaffen. Bis zwei Häftlingen laut einer Überlieferung der Bau eines genau berechneten Kanals gelang, der das Wasser in die Stadt hinein lenkte und den beiden Gefangenen die Freiheit brachte.

Alle Ausflüge um Schwalenbeg beginnen am Volkwinbrunnen.

Im Aufstieg zur Burg öffnet sich ein hübscher Blick auf Schwalenberg.

Dem Verlauf dieses in Stein und Holz gefassten Wassergrabens folgt als hübsche Promenade die Markierung *Nr. 2*. Sie quert in kaum merklicher Neigung den Nordhang des Burgberges und schwenkt links oberhalb des Forsthauses zum Bergquell am Mörth, der so genannten **Magdalenenquelle**. Der Name erinnert an die Gräfin Magdalene, den guten Geist von Schwalenberg während der Schrecken des Dreißigjährigen Krieges. Im romantischen Lippachtal kehrt *Nr. 2* wieder zur Altstadt zurück.

Eine etwas längere Rundwanderung umfasst die Wegnummern *1, 4* und *3*. *Nr. 1* steigt vom Volkwinbrunnen durch Torbogen und Treppengasse steil zur **Burg** empor. Malerisch ist der Rückblick auf die Stadt und hinaus ins Schwalenberger Land. Von der Burg führt *Nr. 4* um das **Hoffeld** herum und überquert in gerader Linie den fichtenbestockten **Dolenberg**. Kurz vor der Bundesstraße lichtet sich der Wald plötzlich und gibt die Sicht frei zum mächtig aufgewölbten Köterberg. Beim Sendemast zieht *Nr. 3* scharf rechts im Fichtendickicht zur Freilichtbühne mit dem **Ehrenmal**. Neben dem Riesenobelisk für die Gefallenen beider Weltkriege nimmt sich der Gedenkstein der Jüdischen Opfer des Nationalsozialismus sehr bescheiden aus. Ein Fußweg bringt schließlich in die Altstadt zurück.

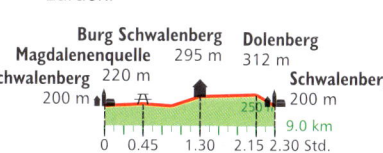

Uferpromenade und Gipfelanstieg

Eines der beliebtesten Ausflugsziele im Lipperland ist der 10 ha große Emmerstausee zwischen Schieder und Glashütte. Für die strukturschwache Region des Emmertals ist der reizvoll in die Landschaft eingebettete See eine wichtige Stütze des Fremdenverkehrs. Das Wassersportzentrum »Kronenbruch«, der Ausflugsdampfer »Lipperland«, die lauschigen Angelplätze und nicht zuletzt die gut beschilderten Wanderwege führen an schönen Sommerwochenenden zu einem regen Treiben. Wegen seiner bescheidenen Ausdehnung kann der See bequem umrundet werden. Mit in die Rundtour gehört auch der Kahlenberg, der Hausberg von Schieder. Seine steil aufragende Kuppe trug früher eine Fliehburg, heute krönt ein steinerner Aussichtsturm den markanten Bergkegel.

Ausgangspunkt: Schieder, Parkplatz am Schloss oder beim Bahnhof im Ortsteil Heinbergsiedlung.
Höhenunterschied: 180 m.

Anforderungen: Einfache Wanderung.
Einkehr: Seegaststätte, Restaurant Fischanger.
Karte: Lipper Land.

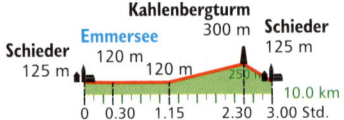

Die Wanderung beginnt beim Schloss Schieder. Die Grafen zur Lippe ließen das kleine Barockschloss um 1700 errichten und unterhielten es bis ins 19. Jahrhundert als Sommerresidenz. Inzwischen residiert hier die Kurverwaltung.

Hinter dem **Schloss** durchmisst der »Emmerweg« (*X 8*) den herrschaftlichen Kurpark, quert auf einer hölzernen Fußgängerbrücke die Emmer und folgt dem grünen Uferstreifen des Stausees ostwärts. Lauschige Plätze, Ruhebänke und eine großzügig angelegte Schutzhütte bringen einige Abwechslung in die lange Flachstrecke, die bis zur Staumauer fast durchgehend asphaltiert ist.

Hinter der Seegaststätte kreuzt der vom nahen Glashütte herkommende Burgensteig (*X 2*). Mit *X 2* wandert man über die **Staumauer** und biegt links

Höhepunkt der Wanderung ist der steinerne Aussichtsturm auf dem Kahlenberg.

Auf dem Emmerstausee verkehrt im Sommer zwischen Schieder und Glashütte das Fahrgastschiff »Lipperland«.

in einen lauschigen Waldweg zum Gasthof Fischanger ein. Dort steigt X 2 vom Emmerufer allmählich an der südlichen Talseite empor, biegt auf halber Höhe rechts ab, passiert zwei kleine Quellbäche und verläuft im schattigen Buchenwald entlang des Hangs zur Wegkreuzung am Fuße des **Kahlenbergs**. Dessen steil aufragende Kuppe wird in engen, schweißtreibenden Kehren bezwungen, ehe man zur Belohnung vom steinernen Turm tief herab auf Schieder und in die Ferne schauen kann. Durch Freischlagen der Kuppe soll die ursprüngliche Funktion des Turms als Point-de-Vue wieder hergestellt werden.

Zurück an der Wegkreuzung ist es am ausgeschilderten Pfad nicht mehr weit bis **Schieder**.

Zwei Aussichtspunkte über dem Lipperland

Zwischen Barntrup und Bösingfeld wölben sich zwei herrliche Aussichtspunkte über den Quelltälern von Bega und Exter empor, die Hohe Asch und der Saalberg. Erstere lässt sich an ihrer nur sparsam bewaldeten Kuppe leicht erkennen, zudem trägt sie seit 1980 einen 15 m hohen Stahlbetonturm, der mit Plattform und Sendemast sowohl touristischen als auch funktechnischen Belangen dient. Am Saalberg vermittelt der sogenannte »Mühlenpott« den weiten Blick übers Land. Dabei handelt es sich um den Stumpf einer alten Windmühle, stilvoll umfunktioniert zu einem Aussichtsturm. Unmittelbar daneben liegt zwischen hohen Büschen versteckt ein romantischer Grillplatz in der Mulde eines großen Erdfalls. Allsommerlich findet hier das Barntruper »Fest am Windmühlenpott« statt. Beide Ziele lassen sich gut in einer netten Rundtour erwandern, mit Start und Ziel an den Exterquellteichen in Alverdissen.

Ausgangspunkt: Alverdissen.
Höhenunterschied: 322 m.
Anforderungen: Ausdauer, häufiger Markierungswechsel.
Einkehr: Sonneborn.
Karte: Lipper Land.

X 5 zieht vorbei am **Schloss Alverdissen** (Herrenhaus von 1662) durch Feldflur aufwärts, quert links haltend ein Waldstück, biegt hinter der Streu-

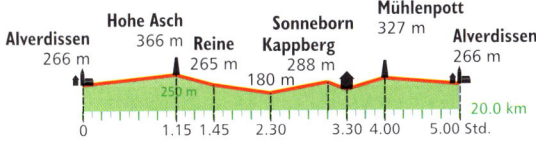

Ausgangspunkt der Wanderung ist das malerische Schloss Alverdissen.

siedlung Hummerbruch ins kleine Hummerbachtälchen ein und steigt schließlich gegen die **Hohe Asch** empor. Oben am Turm stehen dem Betrachter alle namhaften Erhebungen des Lipperlandes vor Augen, vom Köterberg bis zum Wesergebirge.

Nach dem kurzweiligen Wegstück ostwärts hinab nach **Reine** (*X 9*) kommt der unvermeidliche »Durchhänger«, nämlich die Straße Richtung Sonneborn. Erst wenn an der Straßenkreuzung (Schutzhütte) links die Markierung *B* (Barntrupweg) abzweigt und später links auf Feldgassen ins **Dorotheental** leitet, wird es wieder angenehmer. Ein sanfter Anstieg bringt dann über den **Kappberg** (Naturschutzgebiet) hinab in den Ortsteil **Sonneborn**, benannt nach dem sehenswerten Quell im Dorfkern. Am Ortsausgang rechts haltend gelangt man schließlich durch die Felder bergan zum »**Mühlenpott**«. Wie aus dem Bilderbuch zeigt sich das hügelige Lipperland ringsum: dunkle Bergrücken, bunte Felder und tief in die Talmulden geduckte Ansiedlungen. Wer es nicht eilig hat, genieße die schattige Rast im winzigen Feldgehölz am Mühlenstumpf, ehe *X 5* zwischen Weide- und Ackerland am Windrad vorbei auf dem Kamm des Saalberges nach **Alverdissen** zurückführt.

Der »Mühlenpott« bei Barntrup, ein beliebter Aussichtspunkt.

Die Musikburg des Lipperlandes

Zu den bedeutendsten Burganlagen im Lipperland zählt die auf einem Berg-kamm zwischen Exter- und Kalletal gelegene Burg Sternberg, ein ehemaliger Grafensitz aus dem 12. Jahrhundert. Die trutzige Vorburg und ein großer In-nenhof schirmen die eigentliche obere Burg völlig gegen die Außenwelt ab. Wegen der reichen Instrumentensammlung und der vielfältigen musikalischen Veranstaltungen in ihren Mauern nennt sich Sternberg heute gern Musikburg. Eine Führung in der 2001 sanierten Burg gibt es erst ab 20 Personen.

Ausgangspunkt: Parkplatz Burg Sternberg, Bushaltestelle.
Höhenunterschied: 210 m.
Anforderungen: Ausdauer, Orientierungsvermögen.
Einkehr: Linderhöfe, Hillentrup, Schwelentrup, Sternberg.
Karte: Lipper Land.

Die reizvolle Umgebung **Sternbergs** erschließt eine aus drei Hauptwander-strecken zusammengesetzte Rundtour. Den Anfang macht gleich am Burg-parkplatz der Extertalpfad (*E*). Er passiert die Häuser von **Linderhöfe**, quert links den buchenbestockten Stühneberg und zieht mit schönen Talblicken zur gut erhaltenen Wallanlage **Alt Sternberg**, einer Wohnburg aus dem 9. Jahrhundert. Es folgt ein besonders reizvolles Wegstück zwischen Wald-rand und Weiden, bevor man an einer Schutzhütte *E* verlässt, das *D* benutzt und an einer Wandertafel rechts in den Wald einbiegt, um mit dem nächsten Querweg links beim **Dörenhof** auf das Zeichen des »Kalletalweges« zu tref-fen.

K leitet jetzt sehr aussichtsreich durch eine klein gegliederte Feld- und Wie-senlandschaft westwärts nach **Niedermeien**. Von dort bringt *Karo* südlich

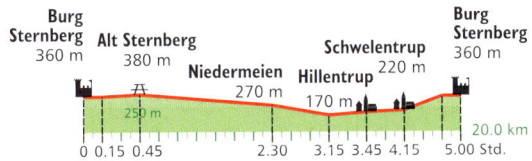

Mit schönen weiten Ausblicken zieht der Kalletalweg durch das Nordlippische Bergland.

hinab ins kühle Quellbachtal der Maibolte, wo später an der steinernen Schutzhütte der »Hansaweg« (*X 9*) einmündet. Man folgt *X 9* ein Stück im Talgrund abwärts am Wasserbehälter vorbei bis zu einem Wegdreieck. Hier biegt die Route scharf links auf einen unmarkierten Forstweg ab. Später zeigt rechts ein Schild Richtung **Hillentrup**. *D* (und *X 9*) erreichen das malerisch gelegene Dorf in kurzweiligem Auf und Ab. Hinter der »Alten Mühle« geht es über eine Anhöhe nach **Schwelentrup** und weiter im langen Anstieg gegen den Stühneberg empor. An einer Schutzhütte trifft man das *E* wieder und kehrt rechts haltend zum Ausgangspunkt zurück.

Burg
Sternberg
360 m

Alt Sternberg
380 m

Niedermeien
270 m

Hillentrup
170 m

Schwelentrup
220 m

Burg
Sternberg
360 m

250 m

20.0 km

0   0.15 0.45   2.30   3.15 3.45 4.15   5.00 Std.

Bonstapel und Bentorfer Windmühle

Zu den beliebtesten Ferienregionen des Lippischen Berglandes zählt das Kalletal, eine eiszeitlich geprägte Natur- und Kulturlandschaft mit dem typischen Wechselspiel von Kuppen und Mulden, von weiter Feldflur, bäuerlichen Ansiedlungen und bewaldeten Hochrücken. Entwässert wird dieses formenreiche Hügelland durch Wester- und Osterkalle, die sich bei Kalldorf zum Weserzufluss Kalle vereinen. Höchste Erhebung im Quellgebiet der Westerkalle ist der weitum sichtbare Bonstapel. Ihm gilt die nachstehende Rundwanderung mit Start und Ziel in Talle.

Ausgangspunkt: Talle, Dorfkirche.
Höhenunterschied: 235 m.
Anforderungen: Ausdauer, stellenweise Hartbelag, häufiger Markierungswechsel.
Einkehr: »Kötterhaus« in Linnenbeeke, Bentorf.
Hinweis: Ohne Abstecher zur Bentorfer Mühle 3 km kürzer, 4 Std.
Karte: Lipper Land.

Den Auftakt bildet die Landstraße Richtung Kirchheide. Rechts aus der Siedlung **Niedertalle** bringt dann *K*, die Markierung des Kalletalweges, hinauf zur Schutzhütte am Waldrand. Die nächste Station heißt »**Traumquelle**«, eine teichähnliche Wasserstelle unter alten Buchen. Später quert *K* ein Seitentälchen, kreuzt die Straße nach Vlotho und hält auf den **Bonstapel** zu, dessen Gipfel zuletzt in einer weit ausholenden Kehre erreicht wird. Der einstmals schöne Ausblick bis zur Porta Westfalica ist inzwischen leider zugewachsen.

Beim Wegeknotenpunkt auf der Bonstapelschulter leitet *X 3* links in einem engen Seitentälchen hinab zum **NSG Steingrund**. Dort fließt zwischen rundgeschliffenen Felsblöcken in vielen Windungen ein klarer Bergbach zu Tale, ein hübsches Naturschauspiel. In der Ansiedlung **Linnenbeeke** biegt *X 3* rechts und bald darauf wieder links auf die Straße zum Karenberg ein, etwas monoton, aber aussichtsreich. Hinter **Karenberg** geht es auf kurven-

Die Bentorfer Mühle ist die einzige betriebsfähige Windmühle in Lippe.

reichem Feldweg abwärts zur Ansiedlung **Plögerei**. Jetzt verlässt man rechts haltend *X 3* und trifft nach einem Straßenkilometer wieder auf das vertraute *K*. Wo *K* rechts in den Wald einbiegt (Schutzhütte), führt links ein kurzer Abstecher zur 100 Jahre alten **Bentorfer Windmühle**. In der einzigen noch betriebsfähigen Windmühle des Lipperlandes wird während des Sommerhalbjahres das Korn noch wie zu Urgroßvaters Zeiten gemahlen.

Zurück an der Schutzhütte ist es nicht mehr weit bis zum großen **Erdfall**, einem durch Salz- und Gipsauslaugung entstandenen, 20 m tiefen Bodentrichter. Über freie Feldflur gelangt man zu den Häusern von Lichtenhagen und später durch einen lauschigen Hohlweg empor zur **Bonstapelschulter**.

Zum Abschluss leitet *X 3* durch Wald und über eine Bergwiese zum **Gut Eichhof** nahe **Talle**.

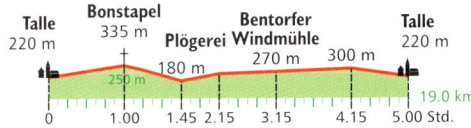

103

Hexenbürgermeisterhaus und Lemgoer Landwehr

Die alte Hansestadt Lemgo war über Jahrhunderte der wichtigste Ort im ehemaligen Fürstentum Lippe. Um 1200 ließen die Herren zu Lippe im Begatal, am Knotenpunkt wichtiger Fernhandelswege, eine befestigte Siedlung anlegen, die bald einen steilen wirtschaftlichen Aufstieg nahm. Geschichtsbekannt wurde Lemgo vor allem als Hexenstadt, dort steigerte sich der Hexenwahn des 17. Jahrhunderts unter dem berüchtigten Bürgermeister Cothmann zu grausamen Exzessen. Heute ist Lemgo berühmt für seinen geschlossenen Ortskern mit seinen stolzen Bürgerhäusern und dem Hexenbürgermeisterhaus.

Ausgangspunkt: Lemgo, Parkpalette nahe der Altstadt.
Höhenunterschied: 200 m.
Anforderungen: Ausdauer, Hartbelag

zwischen Lemgo und Schloss Brake.
Einkehr: Schloss Brake, Gasthaus Waldfrieden, Restaurant Aussichtsturm.
Karte: Lipper Land.

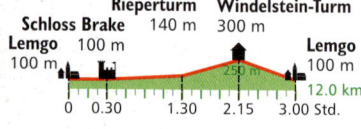

Ein Bummel durch die **historische Altstadt** vermittelt den einmaligen Eindruck von drei Kulturepochen, der Gotik, der Renaissance und des Klassizismus. Vor den Toren der Stadt liegt einen Kilometer entfernt das **Schloss Brake**. Die Wasserburg diente den Lippischen Grafen bis zu ihrem Umzug nach Detmold als Residenz. Im Schloss informiert das Weserrenaissance-Museum über die Geschichte des Weserraums, und das kleine Mühlenmuseum nebenan gibt einen Einblick in die Entwicklung des hiesigen Handwerks. Vom Schloss leitet X durch die parkähnliche Uferlandschaft der Bega. Nach dem Bahnübergang biegt die Markierung *Karo* rechts in eine Siedlung ein und hält über eine Anhöhe wieder hinunter ins liebliche **Begatal**. Beim Hof Bentrup wechselt man links auf den Lemgoer Landwehrweg (*L*). Die **Lemgoer Landwehr** bestand aus einem Schutzwall rund um die Gemarkung der Stadt, bepflanzt mit einem undurchdringlichen Geflecht aus Dornen

Im Schloss Brake ist das Weserrenaissance-Museum untergebracht.

und Büschen. Sogenannte Turmhöfe sicherten die wichtigsten Eingänge. Ein solcher Hof war z.B. der **Rieperturm**, das nächste Ziel am Weg. Dahinter taucht *L* in ein Quelltal ein und zieht unter hohen Buchen bergwärts zum Gasthaus Waldfrieden. Anschließend steigt *A 4* im schattigen Mischwald empor zum Lemgoer Hausberg, dem **Windelstein**. Oben überragt an vorgeschobener Bergschulter ein steinerner Aussichtsturm alle Baumwipfel. Hübsch fällt der Blick hinab auf Lemgo und zum Teutoburger Wald, während in der anderen Richtung die unverwechselbare Silhouette des Köterberges das Lippische Hügelland dominiert. *X 9* bringt jetzt abwärts zu einer Siedlung und weiter längs eines schmalen Grünstreifens in die **Lemgoer** Altstadt.

Auf dem Keuperberglandpfad

Zu den dankbarsten Aussichtspunkten in der Bergumrahmung des Extertals zählt der 1975 erbaute Ludwigsturm auf dem Rumbecker Berg. Von der soliden Holzkonstruktion schaut man ungehindert über alle Baumwipfel hinab auf die Weser, verfolgt den formenreichen Kammverlauf des Wesergebirges vom Süntel bis zur Porta Westfalica, erkennt die vertrauten Höhenzüge des Lippischen Berglandes und bestaunt das bunte Mosaik aus Feld, Wald und kleinen Seitentälchen, in denen Dörfer und Ansiedlungen eingebettet liegen.

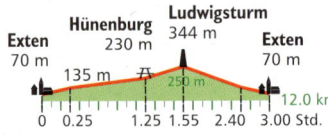

		Ludwigsturm		
	Hünenburg	344 m		
Exten	230 m			**Exten**
70 m				70 m
	135 m	250 m		12.0 km
0	0.25	1.25 1.55	2.40	3.00 Std.

Der Aufstieg zum Ludwigsturm führt durch herrliche Buchenwälder.

Ausgangspunkt: Exten.
Höhenunterschied: 274 m.
Anforderungen: Ausdauer, teilweise schlecht markiert.
Einkehr: Keine.
Karte: Lipper Land.

Mehrere, meist stille Wege führen empor zum Ludwigsturm, der längste, aber interessanteste vom Exterufer im Dorf **Exten**. Rund um Exten wurden früher mit Hilfe von Wassermühlen kleine Schmieden, die sogenannten Eisenhämmer, betrieben. Steinerne bzw. eiserne Zeugen aus dieser Zeit findet man auf dem Wanderweg *X* am östlichen Dorfausgang, außerdem gibt es dort eine gut erhaltene 7000 Jahre alte Mooreiche zu bestaunen. *X* verlässt wenig später in der Siedlung **Strücken** den Talboden und verzweigt sich oben am Waldrand in die Routen *X 5* und *X 10*. Auf *X 10* geht es links mit herrlichem Wesertalblick noch eine Weile am Feldrain dahin, ehe der Weg rechts in Mischwald einbiegt. Zu *X 10* gesellt sich die Markierung eines geologischen Wanderpfades, der auf verschiedene Objekte forstlicher und naturkundlicher Bedeu-

Frühlingszauber oberhalb Wennenkamp.

tung hinweist. An einer Wegspinne bringt links ein Abstecher zur nahen **Hünenburg**. Nur mehr Gräben, Wälle und eine Informationstafel zeugen von der um 1170 errichteten Burg, die bereits wenige Jahre nach ihrer Entstehung wieder abgetragen wurde. Zurück an der Wegspinne ist es nicht mehr weit bis zum **Ludwigsturm**. Nach der Panoramaschau bringt ein schmaler Pfad zum Grotenfenteck. Im weiteren Verlauf benutzt man links haltend X 5, passiert die Schutzhütte am Parkplatz oberhalb Wennenkamp und wandert in reizvoller Umgebung zwischen Wald und Feld, ehe die Route im Hochwald des Taubenbergs wieder zur Siedlung Strücken zieht. Den Ausklang der Rundtour bildet der Bummel hinab ins Extertal.

Die Weser zwischen Burg Vlotho und Schloss Varenholz

Bevor die Weser durch die Porta Westfalica in die Tiefebene hinaustritt, zieht sie noch eine große Schleife nach Westen, um dann vom Amtshausberg bei Vlotho wieder Richtung Norden abgedrängt zu werden. Dieser großen Weserschleife gilt die nachstehende Rundtour. Aufhänger sind Burg Vlotho, Schloss Varenholz sowie die kleine Personenfähre bei Veltheim, die ausschließlich an Wochenenden zwischen April und Oktober verkehrt. Das Wesertal zeigt sich dabei nicht nur als heitere Flusslandschaft, sondern auch als ein Wirtschaftsraum mit vielen Straßen, Kiesgruben und einem Kohlekraftwerk.

Ausgangspunkt: Bahnhof Vlotho (Parkplätze).
Höhenunterschied: 370 m.
Anforderungen: Ausdauer, im letzten Abschnitt viel Hartbelag.
Einkehr: Veltheim, Varenholz, Kalldorf.
Hinweis: Nur an Sommerwochenenden.
Karte: Lipper Land.

Beim Bahnhof **Vlotho** überspannt eine mächtige Betonbrücke den Strom zum Ortsteil Uffeln, wo die Markierung *X 3* den Weg zur Höhensiedlung Boffzen weist. Anschließend traversiert *X 3* den typischen Prallhang **Neuer Hau** zu dem monströsen Kohlekraftwerkskomplex. Dahinter leitet der Weserweg in monotonem Geradeaus nach **Veltheim** hinein. Wenn von links *X 2* einmündet, ist die kleine **Weserfähre** nicht mehr weit.
Am südlichen Flussufer passiert man ausgedehnte Kiesgruben, berührt das belebte Weserfreizeitzentrum und trifft wenig später in Varenholz auf eines

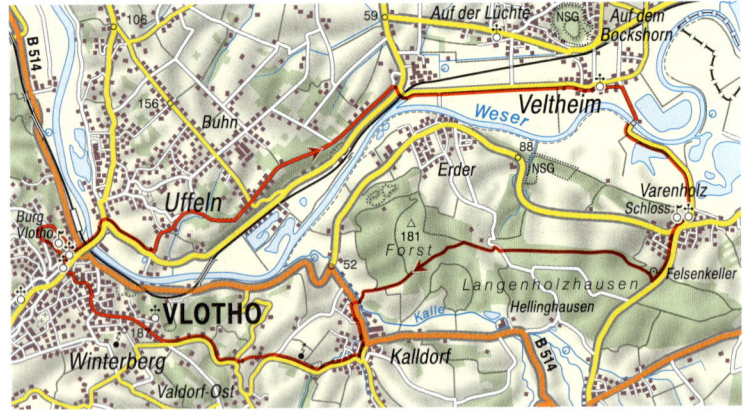

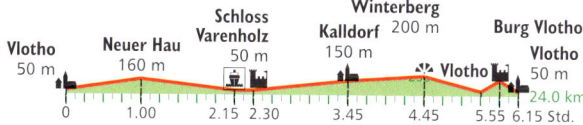

Dieses Wasserrad in Kalldorf trieb früher eine Ölmühle an. Über die alte Technik der Öl-gewinnung informiert vor Ort eine Tafel.

der bedeutendsten Bauwerke der Weserrenaissance. Die Lippischen Grafen ließen **Schloss Varenholz** um 1600 an der Stelle einer verfallenen Burganlage errichten. Die prächtige Vierflügelanlage mit ihren charakteristischen Treppentürmen beherbergt heute ein Internat.

Nächstes Ziel ist der **Felsenkeller**, ein einsam gelegenes ehemaliges Gasthaus, dessen Name auf eine 1839 künstlich angelegte Felsgrotte zurückgeht (heute ein Lagerraum). Unmittelbar davor biegt *X* 5 rechts in den Wald ein und verläuft als herrliche Promenade hoch über dem Wesertal bis **Kalldorf**. Die folgende Asphaltstrecke hinauf nach Winterberg und über die gleichnamige Anhöhe hinweg nach Vlotho lebt ganz von den schönen Weserbildern zur Rechten. Aus den engen Gassen der Altstadt vermittelt der lauschige »Apothekerweg« den kürzesten Anstieg zum Amtshausberg, mit den ansehnlichen Resten der im 12. Jahrhundert erbauten **Burg Vlotho**. Von ihren Außenmauern bietet sich nochmals ein eindrucksvolles Weserpanorama, bevor ein steiler Zickzackpfad direkt abwärts zum Bahnhof führt.

Rund um Marienmünster

Quer durch das westliche Weserbergland verläuft der Burgensteig (X 2) von Porta nach Höxter. Sein klangvoller Name bezieht sich auf die zahlreichen Burgen und Schlösser am Wegverlauf. Ihre ursprünglichen Baulichkeiten sind zwar teilweise nur noch in Resten vorhanden, sie vermitteln dem Wanderer gleichwohl einen tiefen Eindruck von der Geschichtsträchtigkeit dieser Region. Wer die 99 km lange Strecke innerhalb eines Jahres bewältigt und unterwegs die erforderlichen Belegstempel nicht vergisst, kann beim Teutoburger-Wald-Verein ein spezielles Abzeichen anfordern. Weniger Ehrgeizige werden sich mit Teilstücken begnügen, z.B. dem Wegverlauf im Bereich der Burg Sternberg (Tour 35) oder dem wechselvollen Abschnitt zwischen Schwalenberg und Vörden. Letzterer kann gut zu einer Rundtour erweitert werden, mit der Abtei Marienmünster, der Oldenburg und dem romantischen Niesetal als Aufhänger.

Ausgangspunkt: Vörden.
Höhenunterschied: 210 m.
Anforderungen: Ausdauer, teilweise Hartbelag, häufiger Markierungswechsel.
Einkehr: Marienmünster, Kollerbeck.
Karte: Eggegebirge, Oberwälder Land.

Ausgangspunkt ist **Vörden**, Verwaltungssitz der Flächengemeinde Marienmünster. Der von Feldflur und ausgedehnten Waldungen umgebene Erholungsort bietet mancherlei Freizeitvergnügen, wie den Paddelstausee am Ortsrand oder das Gartenhallenbad. Größtes Gebäude ist die barocke Schlossanlage aus dem Jahre 1734, errichtet von den Herren von Haxthausen. Die heutige Anlage steht an dem Platz einer 1511 abgebrannten Burg, die bereits 1319 zum Schutz des Klosters Marienmünster erbaut worden war. *X 2* weist den Weg am historischen Torwächterhaus vorbei zum Ort hinaus zum Freizeitsee. Dort beginnt der Stationenweg, der steil bergan den **Hungerberg** erklimmt. Dort oben wurde 1833 an Stelle eines vormaligen

Silhouette von Marienmünster mit Spiegelteich.

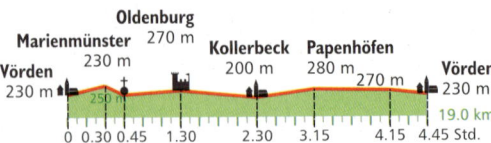

Abseits der großen Welt: Das verschwiegene Niesebachtal.

Heiligenhäuschens eine Signalstation errichtet, zur optischen Nachrichten-übermittlung von Berlin nach Köln. 1851 entstand aus dieser Station die heutige Hungerbergkapelle, womit die Bergkuppe ihre ursprüngliche Bestimmung als Prozessionsziel zurückerhielt.

Der Burgensteig selbst spart den Gipfel aus und zieht im Hochwald stetig bergab, bis hinter der großen Straßenkreuzung die markante Drei-Türme-Silhouette der ehemaligen Benediktinerabtei **Marienmünster** auftaucht. Schwalenberger Grafen stifteten 1128 das der Gottesmutter Maria geweihte Kloster, dessen heutiger Gesamteindruck ein Ergebnis der Umbauten im 17. Jh. ist. Sehenswert sind der Barockaltar der Abteikirche, das schmiedeeiserne Chorgitter und besonders das stattliche Orgelprospekt.

X 2 verlässt die Anlage Richtung Spiegelteich und bleibt ein kurzes Stück links haltend im Wald, bevor man rechts mit der Straße empor zur **Oldenburg** vorlieb nehmen muss. Nur ein massiger Wohnturm aus dem 14. Jh. erinnert an den einstigen Stammsitz der

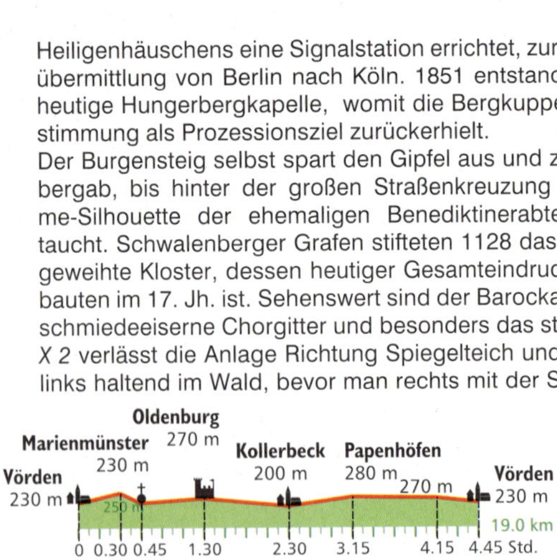

Grafen von Schwalenberg. Wegen privater Nutzung ist nur eine Außenbesichtigung möglich.

Zwischen den Bauernhöfen hindurch wendet sich *X 2* jetzt aufwärts zum Waldrand. Ausgangs des Waldes geht es dann steil hinab, vorbei an Hecken und Ackerflächen, bis links auf einem asphaltierten Feldweg *A 11* abzweigt. Letzterer führt weiter nach **Kollerbeck** hinein. Am östlichen Dorfrand wechselt man auf *A 10*, der stets dem lauschigen Ufer des Niesebachs taleinwärts folgt. Dieses botanisch reizvolle Wegstück endet an der zweiten Brücke. *A 12* steigt nun parallel zum Seitenbach im Auwäldchen empor, passiert eine Schutzhütte und erreicht schließlich die Siedlung **Papenhöfen**. Leider endet jetzt die Markierung. Rechts am Kirchlein vorbei benutzt man geradeaus die Landstraße bis zur alten Chaussee, überquert diese und gelangt wenig später nach **Großenbreden**. Im Dorf taucht das Wegzeichen *A 2* auf, das südwärts zwischen Feldflur eine Anhöhe gewinnt, die Schnellstraße Höxter – Steinheim kreuzt und am Rande eines Wäldchens hinunter ins Dorf **Eilversen** leitet. Hier stößt man wieder auf den Burgensteig. Der bringt in kurzweiliger Gefällstrecke zurück zum Ausgangspunkt Vörden.

Ausgangs- und Endpunkt der Tour ist das barocke Schloss Vörden.

Im Herzen des Lippischen Berglandes

Sanft geschwungene Kammlinien über begrenzten Ebenen, ausgefüllt von einem Mosaik aus Feldern, Wiesen und Wäldern, diese typischen Elemente des Lippischen Berglands bilden den Rahmen nachstehender Rundwanderung. Schon den Ausgangspunkt Blomberg umgibt ein besonderes Flair.

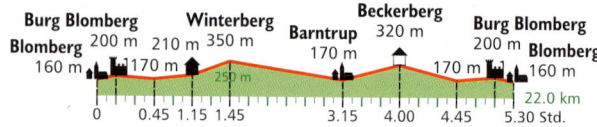

Ausgangspunkt: Blomberg.
Höhenunterschied: 400 m.
Anforderungen: Ausdauer, stellenweise Hartbelag.
Einkehr: Hotel Forsthaus, Barntrup, Café Tannenklause.
Karte: Eggegebirge, Oberwälder Land.

Wegen seiner anmutigen Lage auf einem vorspringenden Sporn hoch über einem weiten Talkessel wird das wehrhafte Städtchen **Blomberg** in einem alten lippischen Städtereim »de Bloeme«, d.h. die Blume, genannt. Im 12. Jh. als Burg erbaut, entwickelte sich Blomberg am Schnittpunkt wichtiger Handelsrouten rasch zu einem bedeutenden Marktflecken, der um 1280 Stadtrechte erhielt. Stadt und Burg verteidigten sich 1404–1409 erfolgreich gegen die Belagerer während der Eversteiner Fehde. Die Soester Fehde aber sah 1447 die Stadt völlig zerstört, bis auf das **Niedere Tor**, heute das letzte mittelalterliche Stadttor im Lipperland. Durch dieses Tor gelangt der Besucher vom Parkplatz vor der Stadt kommend in die ge-

Eingang zur Burganlage Blomberg.

An der idyllisch gelegenen Alten Mühle gabelt sich die Route.

schlossenen Altstadtgassen und wandert im Bogen am schmucken Rathaus vor dem Marktplatz und dem Alten Amtshaus vorbei hinauf zu der im 16. Jh. wiedererrichteten **Burganlage**.

Mit weiter Aussicht über das Blomberger Becken führt von hier längs der alten Stadtmauern der stimmungsvolle **Philosophenweg** hinab zur Brücke über den Dieselbach, wo *X* 5 und *X* 6 sich gabeln. Auf lauschigen Pfaden zieht *X* 6 oberhalb der **Alten Mühle** zur B 1. Der nächste Streckenabschnitt parallel zur Bundesstraße ist laut, aber wegen der wunderschönen Eichenallee nicht ohne Reiz. Still wird es hinter dem **Hotel Forsthaus**, wenn *X* 6 in den Blomberger Wald eintaucht und beim Wanderparkplatz rechts die Anhöhe unterm Winterberg erklimmt. Oben kreuzt *X* 2, der links in langer Gefällstrecke dichten Buchenforst durchstreift, bis der Wald zurücktritt und den Blick freigibt auf das nahe Barntrup. Beim Freibad trifft man wieder auf *X* 5, es lohnt sich aber, ganz ins Städtchen **Barntrup** hineinzuwandern, wo etwas versteckt am westlichen Ortsrand das zweitkleinste Schloss der Weserrenaissance steht. Es gilt als vollendetste Schöpfung dieses Baustils, weil es alle Elemente dieser Architektur aufweist. Typisch sind ihre drei polygonalen Ecktürme. Bauherr war der im Hugenottenkrieg zu Reichtum gelangte Söldnerführer Franz v. Kressenbrock. Zur Ausführung kam es freilich erst nach seinem Tod ab 1584 unter seiner Witwe Anna von Canstein. Vom vielbesuchten Schloss (keine Innenbesichtigung) kehrt man mit *X* 2 zurück zum Schwimmbad und benutzt von dort rechts haltend *X* 5. Obgleich ohne eigentliche Sehenswürdigkeiten, ist der Rückweg nach Blomberg sehr abwechslungsreich. Anfangs sorgen die blauen Forellenteiche für Farbtupfer im Grünland, dann lädt das versteckt im Wald gelegene Café **Tannenklause** zur Einkehr. Später wird der Charakter der Landschaft herber. Hinter der Wegspinne »Dreieck« steigt *X* 5 auf holprigem Wurzelpfad steil empor zur **Blockhütte** auf der Scheitelhöhe des Beckerberges.

Ohne Umschweife strebt *X* 5 anschließend talwärts und erreicht in einem netten Hohlweg die Siedlung Am Naberg. Feldflur begleitet die letzte Etappe bis zur Einmündung des *X* 6 an der Dieselbachbrücke. Auf dem Philosophenweg ist die Burg Blomberg nicht mehr weit. Von dort führt die enge Weinberggasse zurück zum Niederen Tor.

Polygonale Ecktürme prägen Schloss Barntrup.

Die Region Hameln und das Schaumburger Land

Hameln, die bedeutendste Stadt des Weserberglandes, verdankt ihre Gründung der günstigen geografischen Lage. An dem im 8. Jahrhundert aus einer Mönchssiedlung hervorgegangenen Marktflecken ließ sich die Weser für damalige Verhältnisse bequem überwinden. Im 12. Jahrhundert entstand ein Handelsplatz und später ein befestigter Ort, der im 16. und 17. Jahrhundert seine wirtschaftliche Blüte erlebte. Baugeschichtliche Zeugen dieser Epoche kann man noch heute an vielen Stellen der Altstadt bewundern.

Weltberühmt wurde Hameln durch die Rattenfängersage, die an jedem Sommersonntag vor dem Hochzeitshaus zur Aufführung gelangt und eine tragische Begebenheit aus dem Jahre 1284 berührt.

Bei Hameln endet die Landschaft der Oberweser. Die den Strom begleitenden Gebirgszüge treten zurück und machen Platz für ein breites, in Ost-West-Richtung verlaufendes Flusstal. Nur an der Porta Westfalica wird es noch einmal eng, dort windet sich die Weser durch ein schmales Tor hinaus in das Norddeutsche Tiefland. Große, zusammenhängende Waldflächen, tief eingeschnittene Kerbtäler, anmutige Wiesengründe, murmelnde Bachläufe und zahlreiche, klippenartig vorspringende Aussichtspunkte prägen die Landschaft im Naturpark Schaumburg – Hameln.

Ein hoher Laubbaumanteil belebt das Waldbild, und in der Krautschicht breitet sich jedes Frühjahr ein üppiger Pflanzenteppich aus. Das mächtigste Bergmassiv ist der Süntel, die Heimat der skurril geformten Süntelbuche. Von den uralten Exemplaren sind jedoch nur mehr wenige vorhanden. Man findet sie noch vereinzelt oben auf dem Dachtelfeld, dem Schauplatz der großen Schlacht zwischen Sachsen und Franken im Jahre 782. Die Streitmacht der Sachsen unter Führung des Westfalenherzogs Widukind bereitete damals dem blindlings heranstürmenden Feind eine verheerende Niederlage, und es heißt, dass sich das Wasser des von der Höhe abfließendes Baches rot gefärbt haben soll vom Blut der Erschlagenen. Der Name Blutbachtal geht auf diese grausige Begebenheit zurück.

Über dem Blutbachtal zeigt der Süntel ein schroffes Gesicht. Hier steigt der Hohenstein empor, die höchste Felswand Norddeutschlands außerhalb der Harzregion. Früher wurde in dem harten Korallen-Oolithgestein gerne geklettert, inzwischen ist das im Hinblick auf die seltene Fels- und Trockenvegetation strikt verboten. Für den Wanderer bleiben dagegen Teufelskanzel und Hirschsprungwand gern besuchte Anziehungspunkte, ebenso wie der steinerne Süntelturm auf der Großen Egge, der höchsten Erhebung nördlich der Weser. Westwärts, hinter dem Langenfelder Wasserfall, verschmälert sich das Bergplateau zum scharfen Kamm des Wesergebirges, das dem Fluss bis zur Porta Westfalica stetes Geleit gibt. Drei markante Ausflugsziele trägt dieser vielfach gewellte Gebirgszug: den Luhdener Klippenturm, die Schaumburg am steilen Vorsprung des Nesselberges sowie den gewaltigen Fernseh-

Reich verziert sind die vielen alten Fachwerkhäuser in Hameln.

mast mit Aussichtsgalerie auf dem Jakobsberg, unmittelbar über dem Porta-Einschnitt. Vis-à-vis zum Jakobsberg steht auf der anderen Flussseite am Wittekindsberg das monumentale Kaiser-Wilhelm-Denkmal. Der steinerne Kaiser schaut hinab auf die Stadt Minden und auf den großen Weserbogen, in dem durch Kiesabbau zahlreiche kleine Seen entstanden sind. Einige dieser Seen stellen ein wichtiges Refugium der heimischen Vogelwelt dar, andere dienen dem Wassersportvergnügen. Nördlich des Süntel breitet sich zwischen Bad Nenndorf, Bad Münder und Springe der sanft ansteigende Deister aus, zusammen mit dem vorgelagerten Kleinen Deister und dem Osterwald ein beliebtes Naherholungsgebiet für den Großraum Hannover. Im Osterwald locken die Königskanzel und die Drachenschlucht, im Kleinen Deister das königliche Jagdschloss samt Saupark und im Deister selbst die sagenumwobene Alte Taufe sowie drei stattliche Aussichtstürme.

Parallel zum Wesergebirge erstrecken sich über dem nördlichen Tiefland die dicht bewaldeten, von Sandsteinbrüchen und Erzstollen aufgerissenen Bückeberge, die mit dem hübschen Ausläufer des Harrl bis ins Stadtgebiet von Bückeburg reichen. »Klein-Versailles« nannte man die ehemalige Schaumburger Residenzstadt wegen der Prachtbauten ihrer kunstsinnigen Fürsten. Immerhin zählt das Bückeburger Schloss zu den schönsten Anlagen der Weserrenaissance.

Im Kleinen Deister

Die Entstehung des Sauparks im Kleinen Deister ist einem Gerichtsurteil zu verdanken, das 1825 die Könige von Hannover verpflichtete, den durch Jagd reduzierten Wildbestand zu ersetzen und die Wildschäden in der Umgebung zu vermeiden. Als Folge wurde ein Teil des Kleinen Deister durch eine 18 km lange Bruchsteinmauer abgetrennt, um dahinter ungestört jagen zu können. Im Zuge der Reichsgründung erbte 1871 Kaiser Wilhelm I. das Terrain, in dem seit 1949 die Niedersächsischen Ministerpräsidenten zur Staatsjagd laden. Natürlich haben auch Wanderer freien Zutritt, und es lohnt sich, diese zum Teil parkähnliche, zum Teil urwüchsige Landschaft zu durchstreifen.

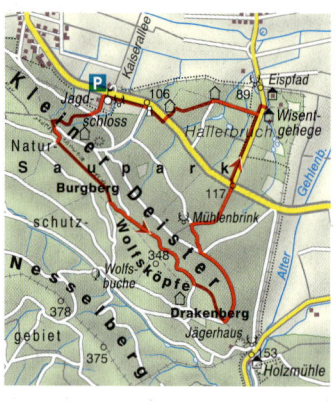

Ausgangspunkt: Parkplatz am Jagdschloss.
Höhenunterschied: 260 m.
Anforderungen: Einfache Wanderung.
Einkehr: Wisentgehege (Öffnungszeiten 8.30–18 Uhr).
Karte: Naturpark Schaumburg – Hameln.

Den schönsten Ausgangspunkt findet man am **Jagdschloss Springe**, das im 19. Jahrhundert als Unterkunft für die königlichen Jagdgesellschaften diente. Heute sind hier Försterei und Jagdausstellung untergebracht. Durch das Schlosstor tritt man in den Saupark ein, hält an der ersten Kreuzung Richtung Streittor und keucht allmählich gegen die Kammhöhe empor. Unter den Moosen lässt sich noch die alte Wegpflasterung erahnen.

Die Szenerie aus dunklem Wald und zerklüftetem Fels wirkt märchenhaft unwirklich, wie auf einem Bild von Caspar David Friedrich. Oberhalb eines aufgelassenen Steinbruchs schlängelt sich links ein lauschiger Pfad dicht am Klippenrand mit hübschem Tiefblick auf Springe und Jagdschloss zum sogenannten Durchbruch. Ein breiter Forstweg zieht weit hinauf zum Burgberg und zum Rastplatz **Wilhelmsblick**, einer Bank mit weiter Sicht über das Vorland bis hinaus

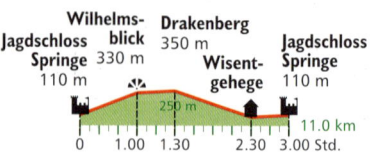

Das um 1850 erbaute Schloss am Fuße des Kleinen Deister diente urprünglich als Unterkunft für königliche Jagdgesellschaften, heute beherbergt es ein Jagd- und Forstmuseum.

nach Hannover. Die Kammhöhe des Burgbergs, auf dem übrigens nie eine Ritterburg gestanden hat, lässt sich weniger steil und weniger romantisch auch über den vorgelagerten Hallermuntskopf erreichen. Bei diesem von zahlreichen Quellbächen umschlossenen Bergvorsprung handelt es sich um eine vorchristliche Fliehburg, deren Ringwälle im Gelände noch schwach zu erkennen sind. Nach der Christianisierung herrschten dort für einige Zeit die Grafen von Hallermunt, die Lehnsträger des Bistums Minden. Hinter dem Burgberg kreuzt noch zweimal ein Querweg die Kammroute (*weißes Dreieck*), dann geht es ohne Markierung über den wilden **Drakenberg**, auf dessen Kuppe wie von Riesenhand verstreut mächtige Felstrümmer liegen. Wer diesen etwas mühsamen Abschnitt scheut, kann dem Drakenberg auch rechts auf der Hauptroute ausweichen.

Anschließend führt die Route an der Nordseite des Drackenbergs zurück durch eine vielfältige Vegetation: Dickicht und Lichtung, Hochwald und Freiflächen wechseln einander ab. Bei der Verzweigung an der Schutzhütte weist rechts ein Schild zum **Wisentgehege**. In dem 1928 eingerichteten Tierpark sind neben dem Wisent, dem größten einheimischen Wildrind, auch Elche und Urwildpferde zu bestaunen. Vom Gehege bringt ein bequemer Waldpfad schließlich zum **Jagdschloss** zurück.

Von Aussichtsturm zu Aussichtsturm

»Das nördlichste Gebirge Deutschlands«, wie der Deister gerne bezeichnet wird, ist ein 24 km langer und 4 km breiter Höhenrücken, dessen ununterbrochen sich hinziehende Laub- und Nadelwälder das klassische Naherholungsgebiet für den Großraum Hannover darstellen. Den Deisterrand säumen attraktive Kleinstädte, die sich aufgrund des mineralienreichen Bodens entweder durch Kohleförderung oder Kurbetrieb einen Namen gemacht haben. Wegen der ruhigen Landschaftsformen darf man vom Deisterkammweg keine spektakulären Eindrücke erwarten, doch das vorbildlich beschilderte Wegenetz, die zahlreichen gemütlichen Berggasthäuser und drei hochragende Aussichtstürme gestalten die Wanderung angenehm und kurzweilig. Ausgangspunkt ist das wegen seiner Schwefelquellen bekannte Bad Nenndorf.

Ausgangspunkt: Bad Nenndorf (Bahnhof).
Endpunkt: Springe (Bahnhof), Rückfahrt per Bahn.
Höhenunterschied: 455 m.

Anforderungen: Ausdauer.
Einkehr: Cäcilienhöhe, Mooshütte, Heisterburgschänke, Nordmannsturm, Annaturm.
Karte: Naturpark Hameln – Schaumburg.

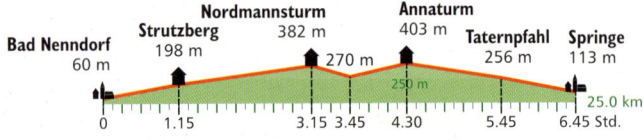

Vom Bahnhof weist *X 11* zur Ortsmitte; dann geht es durch den **Kurpark** (Schlösschen von 1806) und hinter dem Podbielskydenkmal mit *XE* in einer Ahornallee aufwärts zur B 65 bzw. zur Autobahnunterführung. Hinter der Waldgaststätte Cäcilienhöhe gilt ein erster Anstieg dem steinernen Aussichtsturm auf dem **Strutzberg**. Die 1850 errichtete und 1986 aufgestockte Warte lässt zwar nur in Richtung Norden und Osten schauen, aber wenn an klaren Tagen das Steinhuder Meer am Horizont schimmert, ist es ganz hübsch hier oben.

Als ökologischer Lehrpfad verläuft *XE* zur Mooshütte und hält später steil abwärts über Treppen zur Heisterburgschänke an der sagenumwobenen Teufelsbrücke. Aus dem Gloyer Grund zieht *XE* hinauf zu den Wällen der **Heisterburg**, einer Anlage aus dem 11. Jahrhundert, deren Umfang und Bedeutung eine Informationstafel erklärt.

Im Stil eines Bergfrieds wurde 1862 der Nordmannsturm errichtet.

Die nächste Station heißt Kreuzbuche (Gedenkstein), wo rechts ein kurzer Abstecher hinab zum Feggendorfer Stollen lohnt. Wenn der Kammweg den Fernsehsen--der passiert, ist es nicht mehr weit zur **Alten Taufe**. Dieser altberühmte Sandsteinblock mit seiner offenbar natürlichen, meist wassergefüllten Vertiefung liegt abseits des Weges zwischen weit verstreuten Felstrümmern, ein geheimnisvoll anmutender Platz. Wenig später steht man vor dem **Nordmannsturm**, erbaut 1862 im Stile eines Bergfrieds. Die Aussicht ist zwar größtenteils zugewachsen, dafür lässt es sich in der rustikalen Turmschänke angenehm rasten. Vom anschließenden **Nienstedter Pass** bringt der Gegenanstieg vorbei an der Radarstation Hohe Warte zum **Annaturm** auf dem Bröhm. 1982 hat die Stadt Springe den zweckmäßigen Betonturm auf dem höchsten Punkt des **Deister** errichten lassen. Wer die 120 Stufen zur Aussichtsplattform erklommen hat, schaut hoch über den Baumkronen souverän ins Rund. Wie ein Stachelschwein zeigt sich dabei der radar- und sendemastgespickte Deisterkamm.

Eine letzte Einkehr in der Annaschänke, dann folgen in sanfter Gefällstrecke das Wegkreuz Laube, der Gedenkstein »Wöltjebuche«, der vorspringende **Bielstein** und der **Taternpfahl** im Sattel zwischen Wennigsen und Springe. An dem erstmals 1635 aufgestellten Pfahl mussten seinerzeit die Tatern (Zigeuner) von Wennigsen kom-

Die Alte Taufe ist ein Sandsteinblock mit schüsselartiger Vertiefung.

mend drei Tage bleiben, ehe sie, durch berittene Jäger begleitet, weiter über die Grenze nach Springe ziehen durften. Vom Taternpfahl schickt rechts ein Hinweisschild steil bergab zum Forsthaus Sophienhöhe. Der Wandertag klingt unschön aus mit dem monotonen Marsch durchs Industriegebiet zum Bahnhof **Springe**.

Auf dem höchsten Punkt des Wesergebirges

Den mächstigsten Gebirgszug nördlich des Weserlaufs bildet der Süntel, dessen abwechslungsreich gegliederte Berglandschaft ein stilles Refugium für den Wanderer geblieben ist. An höchster Stelle ragt seit 1900 der steinerne Süntelturm empor, ein Aussichtspunkt par excellence, an dem die Wege aus allen Richtungen zusammenlaufen. Wer von Hameln kommt, erhält den besten Gesamteindruck vom Süntelmassiv und findet unterwegs mehrere nette Einkehrmöglichkeiten.

Ausgangspunkt: Hameln, Parkplatz am Bismarckturm.
Höhenunterschied: 347 m.
Anforderungen: Ausdauer, häufiger Markierungswechsel.
Einkehr: Heisenküche, Unsen, Süntelturm.
Karte: Naturpark Schaumburg – Hameln.

Ein ideal gelegener Ausgangspunkt ist der **Bismarckturm** oberhalb der Stadt, erreichbar per Auto oder Linienbus. Das Bauwerk stammt aus dem Jahre 1910, als nach dem Tod des Altreichskanzlers überall im Lande Gedenktürme dieser Art entstanden. Die Wanderung beginnt mit der Markierung *XE*, das erste Zwischenziel heißt Forsthaus **Heisenküche**. Die anschließende Etappe über den buchenbedeckten **Schweineberg** ist vor allem im Frühjahr ein Genuss, wenn dicht an dicht der Märzenbecher blüht.

Im Luftkurort **Unsen** hält *XE* vor dem Hotel Waldfrieden rechts und gelangt auf schönen Waldwegen empor zum **Süntelturm**. Eine kleine Schänke (freitags geschlossen) vermittelt den Zugang zur Aussichtsplattform. Grandios ist das Panorama: Am Südhang des Deister sonnt sich Bad Münder, das Steinhuder Meer glitzert im Norden, Wesertal, Hameln und Köterberg faszinieren im Süden, der Ith zeigt seine bekannte Silhouette und der

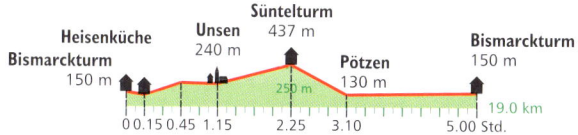

Heisenküche
Bismarckturm
150 m

Unsen
240 m

Süntelturm
437 m

Pötzen
130 m

Bismarckturm
150 m

250 m

19.0 km

0 0.15 0.45 1.15   2.25   3.10   5.00 Std.

vielfach eingekerbte Süntelkamm leitet den Blick am Hohenstein vorbei bis zur Porta Westfalica. Absteigend wählt man zwischen den Felsbrocken den unbeschilderten Pfad südwärts, bleibt kurz links, biegt rechts in einen Holzabfuhrweg ein, kommt neben dem Riesensteinbruch hinab nach **Pötzen**, nimmt am südlichen Dorfrand den ersten Feldweg zum Waldrand und benutzt hinter der Schranke den langen Forstweg bis zur scharfen Linkskurve. Geradeaus führt die Route über den Wehlbach (Steg), folgt halb rechts nacheinander den Schildern »Holtenser Warte« und »Schleckers Brunnen« und wendet sich am Querweg links bergan. Bald zeigt der Wegweiser »**Bismarckturm**« rechts über die Straße zurück zum Ausgangspunkt.

Seit 1900 steht an höchster Stelle des Süntel der Süntelturm, ein beliebtes Ausflugsziel mit Turmschänke und Biergarten.

Zur höchsten Felswand Norddeutschlands

Der Hohenstein am Südrand des Süntelplateaus mit seinen wild zerklüfteten Formationen aus hartem Korallen-Oolith bildet die Krone des Wesergebirges. Durch Erosion und Bergrutsche entstand hier die mit 50 Metern höchste natürliche Felswand Norddeutschlands. Gleichzeitig ist die Halde unterhalb der Steilmauer der bedeutendste Standort eiszeitlicher Reliktflora in Niedersachsen, weshalb das ganze Hohensteinmassiv unter strengem Naturschutz steht. Oben am Steilrand des Plateaus, auf dem sogenannten Grünen Altar, sollen in heidnischer Zeit der Frühlingsgöttin Ostara Opfer gebracht worden sein. Diese vorspringende Felskanzel, auch Teufelskanzel genannt, beschert dem Wanderer heute eine herrliche Aussicht. Flankiert wird das Hohensteinmassiv von zwei typischen Kerbtälern, dem Föhrtal im SW und dem Blutbachtal im NO. Der Name Blutbachtal erinnert an die Schlacht zwischen Franken und Sachsen im Jahre 782 auf dem nahen Dachtelfeld, bei der sich das Wasser des Baches vom Blut der Erschlagenen rot gefärbt haben soll.

Ausgangspunkt: Erster Wanderparkplatz an der Straße Segelhorst – Zersen.
Höhenunterschied: 350 m.
Anforderungen: Trittsicherheit am Hohenstein.
Einkehr: Baxmannbaude.
Karte: Schaumburg – Hameln.

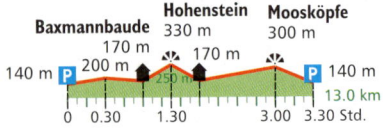

Vom Parkplatz **Baxmannbaude** bringt ein Waldlehrpfad zum höher gelegenen Parkplatz Försterlaube. Schilder weisen den weiteren Weg über den abgeflachten **Wenchenberg**. Im Wiesengrund des stark mäandernden Blutbaches erreicht man rechts die **Baxmannbaude**, eine bescheidene Waldschänke, die dem Wanderer nur an Sommerwochenenden offen steht. Nebenan plätschert der Baxmannbrunnen. Er trägt den Namen des berüchtigten Ratskellerwirtes aus Hess. Oldendorf, der nach seinem Tode allen Nachbarn als ruheloser Geist erschien und zur Strafe diese Wasserstelle mit einem Sieb leerschöpfen sollte.

Lotrecht fallen die Felsen der Opfertischwand zum Blutbachtal ab.

Am Brunnen beginnt der Klippensteig zum **Hohenstein**, die Königsetappe der Wanderung! Anfangs gibt es viele Treppen, aber weiter oben, dicht unter den Felswänden, wird es wildromantisch. Bei der erwähnten **Teufelskanzel** gewinnt der Zickzackpfad die Hochfläche. Links gelangt man zum **Opfertisch**, einem jähen Felsbalkon mit fabelhaftem Rund- und Tiefblick. Was wo zu sehen ist, erklären die Richtungspfeile im großen Steintisch. Über den sogenannten Treppenweg geht es anschließend wieder hinab zur Baxmannbaude. Die zweite Etappe der Tour folgt dem **Blutbach** aufwärts und biegt bei der Gabelung links ins enge **Totental** ein. In seinem hintersten Zipfel liegt die angestaute **Blutbachquelle**. Oberhalb der Quelle trifft man links haltend am Steilrand der Hochfläche schnell auf den **Ramsnackenweg**. Der leitet am Aussichtspunkt Moosköpfe vorbei und senkt sich allmählich hinab zum Parkplatz **Baxmannbaude**.

In den Schluchten des Wesergebirges

Der Langenfelder Wasserfall bei der Höllenmühle am Westrand des Süntel ist der einzige natürliche Wasserfall Niedersachsens. Die Wasser des Höllenbaches stürzen über eine harte Gesteinsbank 15 m in die Tiefe – ein kleines, aber eindrucksvolles Naturschauspiel, besonders im Vorfrühling, wenn der Bach reichlich Wasser führt und das kahle Baumgeäst einen guten Durchblick zu dem Geschehen gestattet. In Kombination mit dem romantischen Schneegrund, den vorspringenden Schrabsteinen und dem schluchtartigen Höllenbachtal bietet sich Gelegenheit zu einer feinen Rundwanderung.

Ausgangspunkt: Rohdental, Parkplätze am nördlichen Ortsrand.
Höhenunterschied: 160 m.
Anforderungen: Einfache Wanderung.

Einkehr: Langenfeld, Schillathöhle.
Hinweis: Schillathöhle So und feiertags 10 –17 Uhr.
Karte: Naturpark Schaumburg – Hameln.

Vom großen Naturparkplatz **Rohdental** passiert die Markierung *Roter Balken* zunächst den spitzen Kegel der Hünenburg bis zum Eingang des **Schneegrundes**. Bei der Wegverzweigung orientiert man sich an der Ausschilderung »Schrabstein« und folgt dem *Blauen Balken* an der nördlichen Talseite schräg aufwärts. Im Volksmund heißt dieser Hangweg treffend »Langer Jammer«. Unterwegs gibt es an kleinen Felsformationen wiederholt schöne Rückblicke in den Schneegrund.

Auf der buchenbestandenen Hochfläche nähert man sich dem **Schrabstein** (Wegabzweigung beachten), einem jähen Felsabsturz. Die Stelle vermittelt einen guten Eindruck von dem gewaltigen Kerbtal, das die von der Langenfelder Hochfläche herabfließenden Rinnsale in den Korallen-Oolith des Süntel geschnitten haben. Links haltend geht es zurück zur Hauptstrecke, die sich jetzt zu einem schmalen Wurzelweg verengt. Bald ertönt das Rauschen des **Wasserfalls**. Oberhalb der Kaskade steht wie hingemalt die

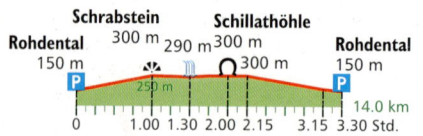

Höllenmühle, 1664 als Wassermühle gegründet und bis 1922 in Betrieb. Der ehemalige Mühlenstauteich, aus dem die Wasser in die Tiefe stürzen, wurde 1986 wieder hergerichtet.

Der enge Einschnitt des Höllenbaches mündet nahe Rohden in das liebliche Wiesental des Schneegrundes.

Bei den Häusern von Langenfeld stößt man auf die Markierung des **Hölltal-steiges**. Dort erreicht man mit der Ausschilderung »**Schillathöhle**« gerade-aus in 15 Min. über eine Straße hinweg am Rande des Steinbruchs die nördlichste Tropfsteinhöhle Deutschlands. Am Abzweig windet sich der Pfad steil hinab zum **Höllenbach**. Die letzte Etappe der Wanderung verläuft im engen Schneegrund talauswärts. Beim Naturfreundehaus weitet sich das Gelände zum breiten Wiesental, an dessen Ende der Wanderparkplatz Rohdental liegt.

Die »Wartburg des Weserberglandes«

Ein schönerer Platz für eine Burg als die Kuppe des Nesselberges lässt sich kaum denken. Talbeherrschend schaut von dort oben die einstige Stammburg der Grafen zu Schaumburg hinab auf den Weserlauf zwischen Hameln und Rinteln. Das beste Bild der spätmittelalterlichen, 1907 restaurierten Anlage bietet sich unten an der Bundesstraße 83. Da steht sie wie hingemalt vor der grünen Kulisse des Wesergebirges, überragt vom Berggasthaus Paschenburg auf steilem Kammrücken. Wer sich herausgefordert fühlt durch diesen herrlichen Anblick, der starte zu einer kleinen Rundtour direkt vom Parkplatz Schaumburg. Zum Auftakt vermittelt der sogenannte Dicke Turm im Innenhof aus 30 m Höhe einen guten Eindruck von den Steilhängen, Kuppen und Taleinschnitten des Wesergebirges.

Ausgangspunkt: Burg Schaumburg.
Höhenunterschied: 150 m.
Anforderungen: Einfache Wanderung.

Einkehr: Paschenburg.
Karte: Naturpark Schaumburg – Hameln.

Die Tour selbst beginnt mit dem **Südweg**. Man passiert westwärts den Panoramablick »Kiesows Eck«, bleibt kurz vor dem Pionierpass links und hält sich auf breitem Waldweg – unweit der ehemaligen Burg Osterberg – stets dicht am Berghang. Die mächtigen Felsbrocken der **Springsteine** künden den nahen **Deckbergener Pass** an. Hier kreuzt die Hauptroute *XW*, die in östlicher Richtung gegen den Oberberg emporzieht. Auf der Höhe gewahrt man rechts des Weges die **Wilhelmihöhle**, die einige zwanzig Meter in den Berg hineinführt. Dieselbe Kluft zeigt sich wenig später ein zweites Mal, als enger Felsspalt, der jäh in der Tiefe verschwindet.

Eine kurze Gefällstrecke bringt zum Pionierpass, anschließend nimmt *XW* den Gegenanstieg an der Schutzhütte »Fußleinsruh« vorbei zur **Paschenburg**. Ein Förster ließ schon vor langer Zeit das Gasthaus errichten, eine Burg hat hier aber nie gestanden. Von der Terrasse des Restaurants

Talbeherrschend überragt die Schaumburg den gleichnamigen Ort.

schweift der Blick weit hinaus über die Städte und Dörfer des Wesertals. Hinter der Paschenburg zieht der schmale Kammweg weiter ostwärts, bis rechts ein sorgsam angelegter Steig aus Treppen und Kehren hinab Richtung Rhodental leitet. Am Waldrand zeigt dann ein Hinweisschild die Rückkehr zur **Schaumburg**, ein bequemer Hangweg, der kurz vor dem Ziel noch den winzigen **Hexenteich** berührt. Diese modrige Mulde links der Strecke muss früher ein angestauter Teich gewesen sein, in dem zur Zeit der Hexenverfolgung das Schaumburger »Hexenbad« stattgefunden haben soll. Dabei wurden die über Kreuz gefesselten, unglücklichen Frauen ins Wasser gestoßen. Ertranken sie, galten sie als unschuldig, blieben sie oben, waren sie der Hexerei überführt und zum Scheiterhaufen verurteilt.

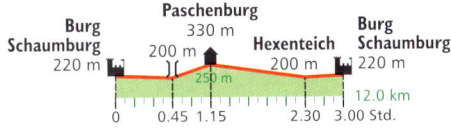

Das »Versailles des Weserberglandes«

Längs der steil abfallenden Juraschichten des Wesergebirges verläuft die interessanteste Kammwanderung des Schaumburger Landes. Sie beginnt in der alten Residenzstadt Bückeburg, dem »Versailles des Weserberglandes«, zieht über den hübsch geschwungenen Höhenzug zur Luhdener Klippe und führt weiter vom verträumten Bad Eilsen über den aussichtsreichen Harrl (Idaturm) zum Bückeburger Schloss zurück.

Ausgangspunkt: Bückeburg, Bückeburger Schloss.
Höhenunterschied: 460 m.
Anforderungen: Ausdauer, häufiger Markierungswechsel.
Einkehr: Gasthaus Etna, Luhdener Klippe, Bad Eilsen, Idaturm.
Hinweis: Vom Gasthaus Etna mit 3 links 500 m zum Besucherbergwerk Kleinenbremen
Karte: Naturpark Schaumburg – Hameln.

Ausgangspunkt ist das 700 Jahre alte Wasserschloss der Schaumburger Grafen. Das heutige Erscheinungsbild stammt vorwiegend aus dem 17. und 18. Jahrhundert und zeigt sowohl die typischen Elemente des Barock, der Renaissance wie auch des barockisierten Historismus.
Vom Spiegelteich an der Rückseite des **Schlosses** verlässt X 11 Bückeburg südwärts, durchmisst die stille Feldflur bis zur Siedlung **Wülpke** und

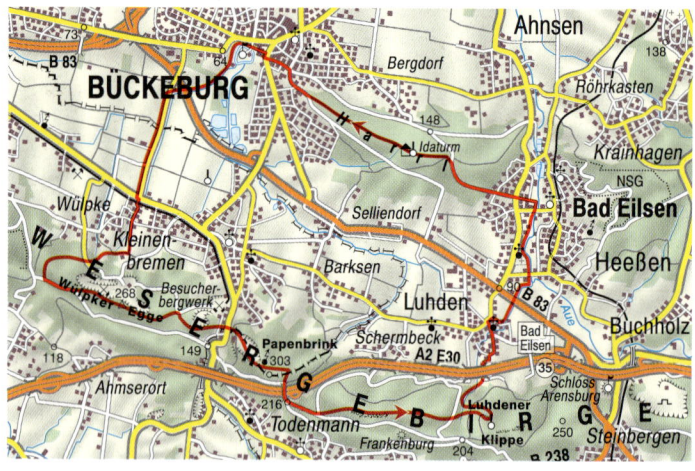

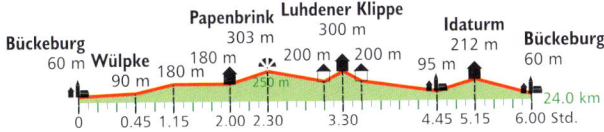

Schloss Bückeburg mit seiner schönen Rückseite beim Spiegelteich.

wendet sich rechts empor zur **Wülpker Egge**. Oben am **Kreuzplatz** stößt man auf den Weserberglandweg (*XW*). Dieser senkt sich links haltend hinab in ein enges Waldtälchen zum **Gasthaus Etna**. Später steigt *XW* gegen den **Papenbrink** empor, spart den aussichtsreichen Gipfelpunkt aber aus. Zum Gipfel selbst bringt der Steilanstieg über den Treppenweg Fuchssteig.

Hinter der Autobahn quert *XW* Hainholz und Hünenburg (ausgegrabene Mauerreste) zur Schutzhütte an der Kreuzung mit *X 4*. Ein kurzer Anstieg, dann ist die **Luhdener Klippe** erreicht. Im Sockel des Aussichtsturmes lädt eine kleine Schänke zur Rast, und von der Plattform bietet sich ein herrlicher Blick über die Kammwogen des Wesergebirges.

Zurück an der Wegkreuzung bringt *X 4* nordwärts im reizvollen Taleinschnitt zum Dorf Luhden und anschließend am Aue-Ufer entlang nach **Bad Eilsen**, bekannt wegen seiner starken Schwefelquellen. Durch den prächtigen, alten Kurpark leitet *X 4* empor zur Höhe des Harrl, auf der die steinerne **Idaturm** nochmals zu einer ausgedehnten Panoramaschau einlädt. Den Schlusspunkt der Tour setzt der nette Kammweg hinunter nach **Bückeburg**, womit sich der Wandertag aufs Schönste rundet.

Der Luhdener Klippenturm ist bei klarem Wetter ein lohnender Aussichtspunkt.

Rund um den geschichtsträchtigen Wittekindsberg

Zu den bekanntesten Punkten Westfalens zählt die gewaltige Kerbe der Porta Westfalica zwischen Weser- und Wiehengebirge. Durch diese »Westfälische Pforte« verlässt der Weserstrom nach vielen Kapriolen endgültig sein Bergland und tritt in die Norddeutsche Tiefebene hinaus. Die strategische Schlüsselstelle war schon in geschichtlicher Vorzeit hart umkämpft, wie alte Befestigungsanlagen belegen. Steil erheben sich über dem Flusseinschnitt die beiden Torpfosten Jakobs- und Wittekindsberg, letzterer weithin erkennbar am 50 m hohen Koloss des Kaiser-Wilhelm-Denkmals. 1889 beschloss der Westfälische Landtag zu Dortmund die Errichtung eines Wahrzeichens zu Ehren seiner Majestät an dieser exponierten Stelle. Patriotische Gefühle bewegen nach zwei Weltkriegen niemanden mehr, aber wegen der bestechenden Aussicht wird der »Olle Willem« noch immer gern aufgesucht. Wer sich nicht mit den paar Schritten vom Großparkplatz begnügen möchte, erwandere den ganzen Wittekindsberg, der eine Fülle von Naturschönheiten und geschichtsträchtigen Plätzen auf engstem Raum bietet.

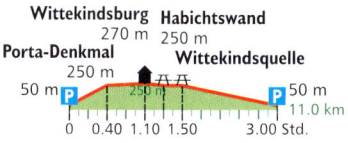

Ausgangspunkt: Parkplatz Kaiserhof.
Höhenunterschied: 220 m.
Anforderungen: Einfache Wanderung.
Einkehr: Wittekindsburg.
Karte: Naturpark Minden – Lübbecker Land.

Wittekindsburg · Habichtswand
270 m · 250 m
Porta-Denkmal · Wittekindsquelle
250 m
50 m · 250 m · 50 m
11.0 km
0 · 0.40 · 1.10 · 1.50 · 3.00 Std.

Vom Parkplatz Kaiserhof neben der B 61 wendet man sich rechts, bleibt vor der Reitanlage links und trifft bei der Freilichtbühne auf die Hauptroute zum **Porta-Denkmal**. Anschließend folgt man dem schmalen Kamm hoch über dem blauen Band der Weser. »Stremmlings Silberblick« ist zugewachsen. Ebenfalls zugewachsen ist der einstmals schöne Rundblick vom steinernen **Moltketurm** über Weserschleife, Minden und Mittellandkanal.
Aussicht bietet dafür die nächste Station, das romantische Ausflugslokal **Wittekindsburg** mit seinem verspielten Fachwerktürmchen. Von dort führt der Kammweg an den Fundamenten der Kreuzkirche, etwa aus dem Jahr 1500, vorbei: Die 1997 freigelegte Fundstätte ist durch einen Glaspavillon geschützt.

Blick vom Kaiser-Wilhelm-Denkmal an der Porta über die Weser zum Jakobsberg. Den »Gegenschuss« zeigt S. 141.

Am Steinbruchrand geht es dann links zur Habichtswand, einem geheimnisvoll anmutenden Felskessel mit überhängender Gesteinsmasse. Die Hauptroute verläuft jetzt zwischen der oberen und der unteren Klippenreihe wieder zurück Richtung Wittekindsburg, passiert die sagenumwobene **Wittekindsquelle** (infolge Erzabbau 1938 versiegt) und die romanische Kapelle Margaretenklus am Standort eines 992 gegründeten Nonnenklosters.

Hinter der Schranke zweigt rechts der verschlungene »Drei-Männer-Pfad« ab, der beim Steinbild an der Felswand Leonardis Ruh in die **Wolfsschlucht** einmündet. Der Gang durch diese künstlich entstandene Felsszenerie bildet den spektakulären Höhepunkt der Tour. Zuletzt windet sich der »Zickzackpfad« steil hinab zum Ausgangspunkt.

Das Kaiser-Wilhelm-Denkmal ist das unübersehbare Wahrzeichen Porta Westfalicas.

Von der Porta-Kanzel zum Mettwurst Möller

Der östliche Eckpfeiler über dem 600 m breiten und 200 m tiefen Portaein-schnitt heißt Jakobsberg, benannt nach jenem preußischen Feldwebel Ja-kob, der sich hier im Wersersteilhang der Porta Westfalica mit dem Weinanbau versuchte. Das Vorhaben erregte damals, nach dem Siebenjährigen Krieg, ei-niges Aufsehen, aber letztlich befand der Preußenkönig den ihm zugedachten Traubensaft als zu sauer. Die Weser besitzt eben kein Mosel-Klima. Schön ist es am Jakobsberg gleichwohl, das zeigt die nachfolgende Rundwanderung. Sie erschließt ein vielgestaltiges Gebiet, lässt von den verschiedenen Aus-sichtspunkten weit über die freie Landschaft schauen und gibt an den Steilfel-sen bzw. den verlassenen Steinbrüchen interessante Einsichten in die geolo-gische Struktur des Gebirges.

Ausgangspunkt: Wanderparkplatz am Bahnhof Porta neben der B 482.
Höhenunterschied: 185 m.
Anforderungen: Häufiger Markierungs-wechsel.
Einkehr: Mettwurst Möller.
Karte: Naturpark Minden – Lübbecker Land.

Schon der Auftakt beim **Bahnhof Porta** ist viel versprechend. Nach kurzem Treppenanstieg steht man unversehens vor einem Felswändchen, wendet sich rechts und erklimmt oberhalb der Steinbrüche am Wasserbehälter links in etlichen Serpentinen die klippenartige **Porta-Kanzel**. Von der Berg-nase herab fällt der Blick auf die Weser und den gegenüberliegenden Witte-kindsberg, ein klassisches Fotomotiv. Am Schlageter-Turm vorbei erreicht der schmale Kammweg den Fernsehturm auf dem **Jakobsberg**. Von des-sen Galerie öffnet sich eine gewaltige Rundsicht: Wiehen- und Wesergebir-ge, Teutoburger Wald und Lippisches Bergland, Bückerberg und Deister erfasst das Auge, dazu Städte und Dörfer in großer Zahl.

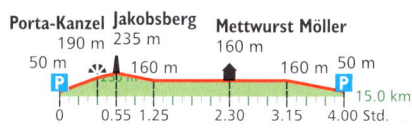

Weser, Wittekindsberg und Kaiser-Wilhelm-Denkmal von der Porta-Kanzel.

Parallel zur Straße verläuft die Route weiter zum Parkplatz Levensiek, hält unterhalb der vorgeschichtlichen Wallanlagen des Nammer Lagers geradeaus zum Nammer Pass, zweigt rechts auf den oberen Eggeweg ab und steigt hinter den Hochspannungsleitungen am nächsten Weg links zur Kammhöhe empor. Ein verwachsener Pfad zieht oben am Steilrand der **Nammer Klippen** entlang, bis zur Felskanzel am Nammer Kopf.
Jetzt geht es steil hinab zum Querweg und weiter rechts zum Kreuzplatz. Rechts unterhalb steht in herrlicher Waldrandlage das Ausflugslokal Mettwurst Möller, erreichbar vom Kreuzplatz auf beschildertem Weg.
Von dort führt der sogenannte Schlangenweg (A 5) in stetigem Auf und Ab nahe der Hausberger Schweiz wieder zum Parkplatz Levensiek. Hier wählt man den Grottenweg, quert vorbei an Rölls Hölz die Südhänge des Jakobsbergs, um schließlich auf dem Schwollmannsweg zur Porta zurückzukehren.

Porta-Kanzel 190 m
Jakobsberg 235 m
Mettwurst Möller 160 m
50 m
160 m
160 m
50 m
15.0 km
0   0.55 1.25   2.30   3.15   4.00 Std.

Stichwortverzeichnis